林省三的海運人生

# 笑看波濤

林省三 口述
王御風 著

不要做溫室的花，它經不起折花人，
要做路旁的草，它長年被人踐踏，
堅忍不拔，依然長得茂盛。

# 目錄

## 第四章



## 第五章

## 第六章



## 附錄

# 第一章

# 大連港口的童年
# 滋長海洋細胞

一九三〇年九月十二日，林省三在台中清水出生，排名家中第五，上有兩位哥哥與姐姐，下有兩位妹妹。父親林顯宗，清水人，一九二二年三月畢業於台北師範學校師範部乙科，[1]祖先來自福建，傳至林顯宗時，已經是第七代。

林顯宗先生的志向並不在教書，而希望能夠從事商業活動。但從師範體系畢業，依規定至少需要服務十年[2]，一九二二年，他擔任台中州沙鹿公學校訓導，一九二六年轉任台中州清水公學校訓導，一九三三年離開學校，轉赴大連做生意，[3]先是林顯宗先生獨自前往，一九三五年，林省三在五歲時，舉家遷往大連。

大連位於今日的中國東北，當時大部分地區被稱為「滿州國」。一九三一年日本發動「九一八事變」佔領東北，於一九三二年成立「滿州國」，由大清末代皇帝溥儀擔任執政（後任皇帝），實際上由日本掌控，當時臺灣也歸屬於日本，因此許多台人前往滿州，擔任公職、從事醫師工作或在當地工廠任職，也有人做貿易生意。

不過林顯宗所前往的大連，雖然在地理上也屬於東北，但從一八九七年開始，俄國就入侵大連及鄰近的旅順，並強行租借，一八九九年將旅大租借地命名為「關東州」，一九〇五年日俄戰爭後，日本打敗俄國，日本取代俄國租借關東州，在滿州國成立後，日本繼續向滿州國租借，所以此地並不屬於滿州國，而是日本的殖民地。

## 將台中大甲帽外銷大連

一九三〇年代是個流行戴著帽子的年代，一般人出門多會戴著帽子，並且隨著季節、服飾做搭配。大連雖然位於北方，緯度較高，但夏天仍十分炎熱，很多人會戴較輕便的帽子。林顯宗出身台中海線，就將當地出產，較為清涼的大甲帽外銷至大連販售，反應非常良好，他又將中國產的中藥材運回臺灣，一來一往，生意相當興旺，林顯宗也因此在大連開了一間「共友洋行」來經營臺灣與大連之間的貿易。

所謂的大甲帽，是以大甲、苑裡一帶農家栽培的大甲藺草為原料所生產的草帽，在日治初期用原來的草蓆編法改良成歐式禮帽並外銷至日本，在日本大受歡迎，因產地為大甲，所以被命名為大甲帽。[4]

據林省三回憶，他們家剛到大連時，是住在比較小的二層樓房子，樓下是公司，樓上是住家，到了國小四年級時，生意上軌道後，就搬到日本人居住的高級社區，買了一棟洋房，當地環境非常良好，後面是南山，距離大連

林省三（圖右）與兩個妹妹年幼時合照

林省三就讀大連一中戰時的制服照（大連一中制服有款兩款，平時是黑色黑帽一條白線，但戰時是卡其色卡其帽一條白線）

港口非常近，一天到晚可以看到大海，他小時候也常去釣魚，可見林顯宗在大連的貿易生意相當不錯。

大連時代也是讓林省三對海洋產生興趣的關鍵，由於大連三面環海，也養成林省三喜愛釣魚的習慣，尤其是他的二哥對於大連能夠釣魚的地方，像是老虎灘、棒棰島非常熟悉，林省三也都跟著他一起去釣魚，每次都有不錯的成績。

但有一天不知怎麼回事，林省三又到老虎灘去釣魚時手氣極差，一條都釣不到，但他出門時已經跟母親誇下海口，請他母親當天不用買魚，他會釣一條大魚給大家享用，到了要回家時，發現這下無法交代，於是偷偷跑到超市買了一條魚，當做是今天的戰利品交給母親，母親只笑了笑說：「你不是去老虎灘海釣嗎，怎麼釣回一條淡水魚？」這個糗事也可看出林省三對於釣魚的濃厚興趣，以及從中孕育的海洋細胞。

## 中學時期二戰爆發

林省三初到大連時，就讀住家附近的伏見台尋常小學校（今大連市實驗小學），該校是一九〇六年大連市所設立的第一間小學校，位於現在的大連市西崗區歡勝街三號。[5]

小四搬至日本人社區後，改就讀大廣場小學校，大廣場小學校的學生素質極好，因戰前僅收日人子弟，許多人回到日本後成為眾議員，出了相當多的名人。

小學畢業後，當時大連有五個中學校，排名依序是大連一中、大連二中、大連三中、工業學校、實業學校，其中以大連一中最有名，當時跟東京的府立一中（今東京都立日比谷高等學校）、神戶一中（今兵庫縣立神戶高等學校）齊名，不僅是大連當地學生擠破頭想進的名校，連許多日本內地的學生都特地跑來大連考試，也因此競爭十分激烈。像林省三的大哥直接考工業學校，二哥也是直接考大連三中。

## 因二戰中斷高三課業

林省三小學畢業後，也想挑戰名校大連一中，當時心想就是試試看，沒想到一舉中第，而且大連一中僅錄取一百多人，林省三考了第二五名，可說是非常理想的成績。而且大連一中的錄取名單，當時是透過大連廣播電台公布，可說是大連一年一度的大事，當大家從收音機中聽到第二五名是林省三時，都相當開心。

大連有一個習俗，就是考上大連一中後，要宴客歡慶，當林顯宗聽到林省三考上大連一中後，高興的不得了，立刻通知日本的朋友，訂了大連最好的協和大飯店的幾桌酒席，慶祝一番，可見家中的喜悅。

但可惜的是，一九四二年林省三進入大連一中時，已經爆發了第二次世界大戰，隨著戰爭的逼近，雖然一、二年級還不會影響學業，但到了三年級時，所有的學生已經不上課，而被迫到校外服勞役，像是挖防空洞，或是在山上建造監視台，三年級的學生則被分發去鐵路工廠修理貨車，學生們其實並不懂得如何修理，真正負責修理是專業的職工，學生只是幫忙運送材料。到了一九四五年八月一五日，林省三就在鐵路工廠中聽到日本天皇投降的廣播「玉音放送」，[6] 戰爭終於結束，另一個時代的開啟。

回想在大連的求學時期，林省三表示日本時代的老師都非常優秀，也發

大連一中同學感情甚篤，於臺灣成立校友總會。

1999 年林省三赴日參加大連一中校友會活動。

好歌喉的林省三參加大連一中校友會，高歌一曲。

1999 年林省三赴日參加校友會總會活動。

2007 年林省三赴大連一中母校與校友總會參訪。

2007 年林省三赴大連一中留影。

自內心，為學生著想，但可惜的是，戰爭期間，許多好的老師都被徵召上戰場，沒辦法再繼續教育下一代。

## 感念日籍教師教導修身

林省三強調，日本老師都非常有愛心，像是大廣場小學的丸山光夫老師，就是一位非常照顧學生的老師。有一天，原本只上半天課的小學，因為下午臨時有活動，大家都要留下來，所有的日籍學生都帶了便當，但他自己忘了帶午餐，只能餓著肚子，被老師知道了，馬上自己掏腰包買午餐給他吃，讓他感激在心。

到了大連一中，也有位掛川英夫老師，每天都會關心學生穿得夠不夠暖和，許多大連一中的老師，如果你在上課時聽不懂，都會找學生晚上到家裏再教一遍，並且留學生在家中用餐，一邊吃飯一邊慢慢教，直到教會為止。相較於，臺灣許多老師「留一手」，在學校不教完，到補習班才慢慢教的陋習，林省三也無限感慨，認為在這些教師的細心教導下，當時的中學畢業生，能力與實力甚至比現今的大學生還強，也有許多大連一中的畢業生，日後都考上如東京大學的名校，這也是他在小學、中學階段最溫暖的回憶。

林省三也對小學時期所教導的「修身」特別有印象，在當時的日本小學體制，如果這科目不及格的話，就沒辦法畢業，其內容與儒家的《弟子規》差不多，要讓受教者有道德觀，目的是在造人。現今臺灣的科目是「公民」，但公民只教導選舉方式等法制面，卻沒有教導做人，相差甚遠，今日社會亂象層出不窮，都是教育失敗所致。

## 蘇聯紅軍進大連

一九四五年八月八日，在日本本土遭受第一顆原子彈攻擊後兩天，蘇聯撕毀原來的《蘇日中立條約》，與日本宣戰。此肇因於先前（一九四五年二月）美英蘇三國所召開的「雅爾達會議」，會中英美兩國希望蘇聯對日宣戰，蘇聯則提出許多條件，其中包括大連商港國際化，蘇聯在該港具有優越權，大連旁邊的旅順軍港也需租借給蘇聯。

蘇聯出兵不久，日本就於八月十五日投降，但蘇聯並未停止攻擊。八月二十二日，亞馬諾夫少將也率軍進入大連，八月三十一日亞馬諾夫被任命為大連市與大連港警備司令。[7]

八月二十三日，蘇聯大軍進入大連，大家都躲在家中不敢出門，林省三因為好奇，跑到戶外看蘇聯坦克，蘇聯坦克非常巨大，林省三心想，這也難怪日本會戰敗。許多蘇聯飛機，像是米格三型戰鬥機也從大連周水子機場降落，因為與以前日本飛機的引擎聲不同，所以大家都知道蘇聯軍隊來了。

## 紅軍進駐破壞生活寧靜

第一批蘇聯軍素質非常差，四處搶劫及強姦婦女，林省三聽說當初蘇聯要進軍東北時，大軍還在歐洲戰場，因此只能將西伯利亞的囚犯釋放從軍，所以這批軍人進入大連，就到處搶東西及女人。

當時日本人已經無法抵抗，只能讓蘇聯紅軍予取予求，臺灣人則在家門口插上兩個國旗，一是中華民國國旗，另一則是蘇聯國旗，告訴蘇聯軍隊這是中國人的家，是蘇聯的盟國，不可進來搶劫。林省三就曾看過蘇聯軍人手上戴了七、八個手錶，因為這批紅軍很喜歡搶手錶，但當時的手錶需要手動上發條才能運行，紅軍不知道這個道理，如果手錶不動，他們就束手無策，就乾脆一口氣搶了七、八個手錶帶在手上，停了就丟掉再搶，才造成這種奇觀。

也由於紅軍到處強姦婦女，當時很多女生都將頭髮剃光，臉上塗灰，戴上男人的工作帽，穿上男人的衣服自保。林省三記得，有一天，突然有人敲門，大家都不敢去應門，林省三鼓起勇氣去開門，看到一個不認識的男人，後來仔細一看，才發現是在平壤念女子醫學院的二姐，日本投降後，她要逃回大連，由於沿路的紅軍都素質頗差，所以也同樣剃光頭，換成男性裝扮，才有辦法從平壤回到大連。

直到蘇聯名將朱可夫將軍手下的正規軍進駐後，大連才恢復平靜，軍隊素質與以往截然不同，不僅會講英語，憲兵也一天到晚巡邏，女生也開始恢復裝扮，甚至敢塗口紅上街。

## 好友尋短意外成救命恩人

在蘇聯佔領的時期，發生一件令林省三難忘的事件。他在大連一中有位好友，名為小住英作，其父母與關東軍有所淵源，原來住在大連，在日本投降前半年調至新京（今長春）工作，日本投降後，父母失去音訊，也沒有回到大連。

在此情形下，小住英作只能靠著賣母親的和服維生，他對父母無法回來非常失望，也對人生失去希望，最後選擇服毒自殺。那時剛好林省三去找他，結果他的妹妹叫門都沒有回應，林省三翻牆進入房子，看到他躺在地上，嘴巴都是泡泡，心知他服毒，由於隔一條街就是大連醫院，林省三毫不猶豫，背起他直奔大連醫院急診處，醫院立即灌腸、洗胃，終於把他救了回來。

小住英作日後回到日本，對於林省三滿是感激，還有一次專程到臺灣來找他致謝，並告訴他妻子林省三是他的救命恩人，這也是林省三在人生中做過的善事之一。

## ☸ 從大連到瀋陽歷經波折

蘇聯佔領大連約一年，直到一九四六年才陸續撤離，[8] 蘇聯佔領期間，把大批日本工廠的機器都透過大連港搬回蘇聯，經濟上也禁止使用原來的滿州及朝鮮銀行的鈔票，改使用蘇軍發行的軍用幣，面額有一〇元、五〇元、一〇〇元，只能用這個在大連買東西，但在蘇軍撤離後，也完全失去用處。

蘇軍撤離時，阻礙國民黨軍隊進入大連，並將從關東軍接收的武器都交給中共部隊，改由中共接收，街上的警察也變成拿日本武器的中國人，大連港也被封鎖。隨著國共內戰的加劇，共軍為阻礙國軍進逼大連，於是將大連到瀋陽間的鐵路，從大石橋（今中國遼寧營口市大石橋市）以南全部拔除，火車也就無法從大連通往瀋陽。

經營貿易十分依賴交通運輸，當鐵路、港口都被封鎖，機場也沒有飛機可飛的情形下，林顯宗開始考慮要回臺灣。但林顯宗這幾年在大連所賺的錢，都放在滿州及朝鮮銀行，[9]這些銀行在蘇聯佔領後被定為「敵偽銀行」，銀行內全部資產都沒收，所以沒有半毛錢能領出來，林顯宗只好變賣房屋給當地的中國人，再將所得的軍用幣全部去買金條、首飾，帶在身上當做旅費，這些金飾回到臺灣後，還有餘額可以使用。

林省三從小接受日本教育，原本也想跟著日籍同學回到日本，但父親提醒他是中國人，臺灣已經歸屬中國，他才改變主意，要跟家人一起回到臺灣，並偷偷跟日籍同學道別，祝福他們能順利回到日本。然而他跟姊妹們都不會講中文，雖然林顯宗臨時請了中文家教，但也來不及，只學了幾句話，並不管用。

## 靠俄文、日文能力順利離開大連

一九四六年九月，林省三一家離開大連，為了不驚動鄰居，早上五點雇了兩輛馬車出發，車上共有林顯宗夫婦、林省三及兩位妹妹，還有一個寄居在家中的臺灣人，共六人。雖然臺灣在地理上位於大連南方，但是飛機、船隻都無法通行，所以他們反而要北上，計劃先到瀋陽，再搭火車到天津，從天津回臺灣。因為鐵軌被共軍移除，要到大石橋才會有火車，所以馬車的目的地是大石橋。

九月的東北已經開始有寒意，林家一行人一路沒有東西吃，是非常艱辛的一段路。馬車到達普蘭店（今中國遼寧大連市普蘭店區）時，碰到俄軍關卡，俄軍以為他們是日本人要偷跑出境，於是阻礙馬車通行。在蘇聯佔領大連後，大連一中不再教學生英文，改教俄文，因此林省三會稍許俄文，他用俄文大叫告訴俄軍：「我是中國人，不是日本人。我們是臺灣人，要回臺灣。」當時俄軍關卡附近的樹上有安排監視哨，如果探查到臨近俄軍檢查哨，就慌忙收東西，都會被監視哨一覽無遺。但是，林省三一家並無動作，因此俄軍決定放行，讓他們繼續前進。

馬車當天晚上抵達蓋平（今中國遼寧營口市蓋州市），這是國共兩軍對峙之處，過去就是大石橋，此處由共軍駐守，大石橋則由國軍防守，中間是真空地帶。一行人就在馬車夫休息的旅館過夜，到了第二天一早，馬車夫突然告知他們，行車只到此為止，因為蓋平到大石橋間的地帶是戰區，並不安全，馬車夫們不願冒險過去，於是，林省三一家伴隨著一大堆行李，就被丟在蓋平。

此時，一位中共軍官出現，他看林省三說中文不行，改用日語跟他交談，原來中共軍官畢業自日本軍官學校，所以日語非常流利。他聽完林省三的說明後，便同意通行，並且送給他們一個拖車放行李，還畫地圖教他們怎麼走比較安全，更給他們一幅白旗，吩咐要拿著白旗走，免得被誤會遭到開槍警示。於是，林省三一家人就這樣步行近十公里，由於沿路沒有店家與食物，只能在中途拔農田中的玉米、番茄充飢，不過最後仍順利抵達大石橋。時隔數十年，林省三當時忘記詢問這位貴人軍官的名字，至今仍覺得非常遺憾。

到達大石橋前線，國軍也派軍隊來查問，運氣極好的林省三一家人，又碰到曾在滿州國軍隊服務，會講日語的國軍軍官，在詢問並釐清原委之後，准許他們進入大石橋，並交給「大陸難胞救濟總會」處理。他們不僅馬上給林省三一家人食物，更把前往瀋陽的火車最後一節車廂，用粉筆在車外大大寫上「臺灣同胞專車」，讓他們幾個人包下一整個車廂，直達瀋陽。

# 回到臺灣

到達瀋陽後是一早，他們去吃了一頓豆漿跟燒餅油條，林省三至今還記得那油條非常大。再換了身上部分的金飾，住進旅館，買了北寧鐵路的車票，[10]直接從瀋陽到天津。北寧鐵路的旅程就與從大連到瀋陽不同，非常舒服，每一個停車點所賣的東西都不同，他們到了錦州，還下車買了當地的名產燒雞，一人一隻小小的燒雞，非常美味，彷彿置身天堂。

戰爭爆發後，日本的年輕人都要當兵，林省三的二哥如果留在大連，也會遭到徵兵的命運，因此還沒到徵兵年齡就躲到天津，林顯宗也為此在天津置產，將天津的業務交由林省三的大哥、二哥負責。所以，林家在天津還有一些資產，當他們到達天津後，就住在二哥的家中，並且買了回臺灣的船票，搭乘

2007 年 6 月林省三至大連金石高爾夫球場打球留影。

民生輪船公司的客貨輪「民眾號」到基隆。林省三的舅舅在基隆海關工作，一家人剛返台，先借住在他家，再搭乘火車到台中清水的老家，一九四六年底終於回到故鄉的土地。

在從大連回到臺灣的旅程上，林省三身上的貨幣一直不停更換，從蘇聯的軍用幣、國民黨的法幣、到達臺灣後的舊台幣，後來在臺灣也經歷了四萬元換一元的新台幣，可見在動亂時期，貨幣貶值的速度是多麼驚人。

1 許雪姬，《離散與回歸：在滿州的臺灣人（一九〇五－一九四八）》（新北：左岸文化，二〇二三），頁三三五。

2 根據一八九九年臺灣總督府所訂的師範學校規則第一九條：師範學生畢業後，需要至指定的學校服務十年，見加藤春成，《臺灣教育沿革誌》（台北：社團法人臺灣教育會，一九三九），頁六一七。

3 許雪姬，《離散與回歸：在滿州的臺灣人（一九〇五－一九四八）》（新北：左岸文化，二〇二三），頁三三五。

4 見 https://www.th.gov.tw/epaper/site/page/135/1940。

5 見大連伏見台尋常小學校舊址 https://baike.baidu.hk/item/%E5%A4%A7%E9%80%A3%E4%BC%8F%E8%A6%8B%E5%8F%B0%E5%B0%8B%E5%B8%B8%E5%B0%8F%E5%AD%B8%E6%A0%A1%E8%88%8A%E5%9D%80/1789990

6 「玉音放送」指的是日本天皇在一九四五年八月一五日，於廣播中宣讀日本投降的《終戰詔書》，由於這是日本天皇的聲音首次透過廣播向日本民眾播放，天皇的聲音被稱為

「玉音」，日語的廣播則是「放送」，所以稱為「玉音放送」。

7 https://zh.wikipedia.org/zh-tw/%E6%97%A5%E8%8B%8F%E5%85%B3%E7%B3%BB。

8 但旅順、大連地區仍有蘇軍駐紮，尤其是以旅順港為主，一九五五年才全部撤出。

9 滿州銀行，成立於一九三二年三月一五日，在關東軍策劃下，滿洲中央銀行合併原東三省官銀號、吉林永衡官銀號、黑龍江省官銀號和邊業銀行四行號，發行滿洲國元。朝鮮銀行，為日本統治朝鮮期間（一九一〇至一九四五年）的中央銀行，朝鮮銀行發行朝鮮銀行券，而於一九四五至一九五〇年發行韓圓，最後隨南北兩韓分治於一九五〇年解體。

10 舊稱為「京奉鐵路」，自北平經天津至瀋陽市，為關內通往東北地區的重要交通線，今屬京哈鐵路的一段。

# 第二章

# 彰中到法商學院的學識養成期

## ☸捨棄台中一中就近就讀彰化高中

林省三回到臺灣之後，繼續完成了他的高中、大學學業，也因為他後來在航運上的貢獻，讓他成為各校的「傑出校友」，手印還留在彰化高中與中興大學，甚至因為母校中興法商學院蛻變成台北大學，使得他雖然沒讀過台北大學，也是台北大學的傑出校友。他很謙虛的說，沒想到學生時代表現沒有特別突出的他，會變成傑出校友。但實際上，林省三在求學階段的刻苦耐勞，不僅奠定下日後人生的奮鬥基礎，同時培養了一生的興趣。

林省三回到清水之後，拿著大連一中三年級的結業證書尋找可以繼續升學的高中，但他跟父親都不清楚中部究竟有什麼高中，親戚就告訴他們，中部較好的高中是台中一中[1]與彰化高中[2]，這兩間都是非常優秀的學校，但林省三剛回到臺灣，並不清楚這兩間學校有何差異，最後是以距離清水家中的方便性來取捨。由於從清水到彰化只要坐一趟火車就可抵達，但從清水到台中，得先坐海線火車，然後在彰化轉山線火車到台中，當時雖然還有可直達的公車，但公車票價比較昂貴，決定交通比較單純的彰化高中。

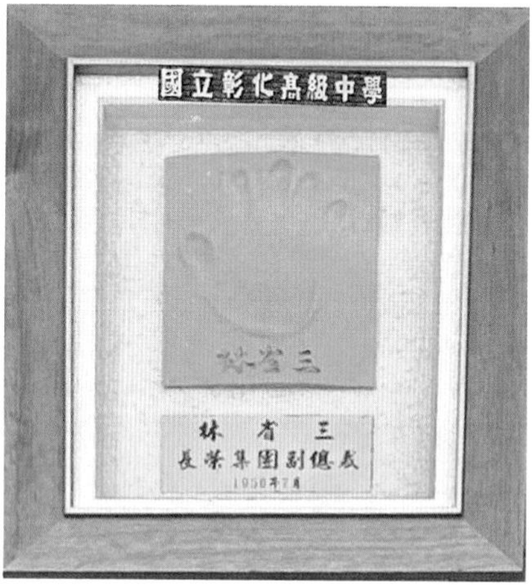


林省三是彰化中學的「傑出校友」有留手印在母校。

一九四七年，彰化高中報名時，林省三拿著大連一中三年級的結業證書詢問是否可以報名，因為這不是畢業證書，所以彰化高中的行政單位請示了上級，主管表示這證明已唸完初中三年，沒有問題，就開啟了林省三的高中生活。

林省三就讀彰化高中時，由於家中從大連回到清水後，在大連的資產已經化為烏有，經濟狀況並不寬裕，每學期只能勉強湊出學費，無力讓林省三在彰化就近租屋。為了趕早上八點半上課，林省三每天五點半就要起床，由於他在院子有種菜，所以要先澆水，然後打掃自己房間，吃完早餐，大約七點趕到火車站搭車，因為彰化高中位於八卦山麓華陽崗，距離火車站有些許距離且要爬山，所以下車後也要走一段路，才能準時到校，回到家也要花同樣的時間，非常辛苦。

只要有機會路經彰化，林省三經常會回母校看看。

由於教育及生活環境的變化，相較於大連一中，林省三在彰化高中的學業成績就較為平凡。當時的學校，也正處於日本政府撤離，中華民國政府交接的尷尬時期，日本時代留下來的老師多半不會講國語，但教學得講國語，所以就難以表達。例如化學老師只懂得日文的化學名詞而不懂中文，像是氧氣說是酸素，氫氣則是水素，大家也只能半日語、半國語的學習，連英語老師也是帶著濃厚日語腔的不正確英語發音，學習上頗為辛苦。這種情形，一直到一九四九年後，許多中國大陸的優秀老師，隨著政府來台，學校的教學才慢慢上軌道。

在高中時期，林省三加入了足球隊，擔任前鋒，他平常行動，不論吃飯、寫字都是用右手，但踢足球時卻是用左腳，由於前鋒使用左腳者非常少，因此備受青睞，但球隊的紅色球衣需要自己準備，林省三買不起，在員林開業，擔任小兒科醫師的大姊知道此事後，立刻幫林省三買了球衣。有一次沒有錢交學費，也是到員林向大姊求助，這些事都讓林省三非常感激，時至今日，仍十分敬重他的大姊。

## ☸受限家境放棄台大，轉而報考行政專科學校

一九五〇年，林省三從彰化高中畢業後，決定要繼續升學，當時臺灣的大專院校只有國立臺灣大學、[3]臺灣省立師範學院（今國立臺灣師範大學）、[4]臺灣省立農學院（今國立中興大學農學院）、[5]臺灣省立工學院（今國立成功大學）、[6]臺灣省立台北工業專科學校（今國立台北科技大學）[7]五所。

林省三的目標是臺灣大學，但台大需要讀四年，學費也最貴，當時家中經濟並不寬裕，他就放棄台大。他後來聽說那年有幾位同學去考台大，國文作文題目是「大學之道」，這個題目來自於四書的《大學》，[8]如果沒讀過四書，[9]可能就很難作答，很多人交了白卷，還有人乾脆就寫：「大學之道在羅斯福路三段」。

受限於學費，林省三原預定報考公費的臺灣省立師範學院，那時林省三的目標是歷史系，但因為已經額滿，加上畢業後必須要教學服務兩年，與其志趣不合，所以他最後就放棄了。

林省三放棄師範學院後，考慮就讀剛成立不久的臺灣省立地方行政專科學校。臺灣省立地方行政專科學校成立於一九四九年十一月，與前述五間日治時期就成立的大專不同，是中華民國政府遷台後設立的第一間高等教育學府。

行政專科學校的創校，是為協助追隨政府來台之大專失學青年，完成未竟學業，及培育臺灣省實施地方自治所需之各級地方行政幹部。行政專校創校之初，由臺灣省立成功中學校長左潞生先生為首任校長，並借用成功中學為校舍，一九五〇年七月左校長辭任，由周一夔先生繼任，並於一九五〇年八月，搬遷至合江街興建校舍。[10]

行政專校成立之初，設民政、財政、社政及地政四科。學生肄業期限分甲、乙兩種：甲種專科，肄業期間為一年，投考資格必須在公立或已立案之私立大學或獨立學院肄業滿一年以上；乙種專科，肄業期間為二年，投考資格必須在公立或已立案之私立高級中學畢業。[11] 林省三所報考的是乙種的民政科，其著眼是二年制，僅需讀兩年即可畢業，且學費較為便宜。

林省三有位住在大甲的姑姑，他的兒子在讀台大醫學院，於是她買了一棟位於寧波西街的房子供其居住，林省三就讀行政專科學校期間，也就借住於此。

位於合江街的行政專校，就是今日台北大學台北校區所在地，是間小而美的學校，雖然校區腹地小，但應有盡有，現在的位置可說是台北市的蛋黃區，但在學校剛成立時，則是台北較不發達的郊區，四周是一片田地，由於距離松山機場很近，上課時還常聽到飛機的引擎聲。

那時住在寧波西街的林省三，每天騎著腳踏車上課，必須經過今日的林森公園，當時還是一片墓地，火葬場、殯儀館都在附近，越過堀川（今新生南北路）才會到學校，堀川以西是當時的台北市區，以東不是田地，就是墓地，還常會有蛇出沒其間。每天林省三從寧波西街到合江街上課，可說是從市區經過墓地到郊區上課，當時對行政專校的印象就是很遠、很偏僻。

## 騎腳踏車送家具賺學費

戰後初期，一般家庭的經濟狀況都不好，學生們都非常刻苦耐勞。林省三班上的同學，大約百分之八〇都需要半工半讀，才能夠維持生計，大部分的人送報紙，林省三則與眾不同，打工項目是承包家具行運送家具的工作。

林省三居住的寧波西街，靠近台北有名的家具街：南昌街，許多顧客買了家具後，需要有人運送，那時候不僅沒有像是小發財的貨車，連摩托車都沒有，林省三跟他的腳踏車，在此時就派上用場。

林省三為了送家具，把他的腳踏車後行李架加大，當時的顧客多是從大陸來台的家庭，多半會買兩張椅子、一張茶几，林省三一次就可以載運到家。除非是太大件的沙發或是床鋪，不然憑藉著林省三和他的腳踏車，都會快速、安全的將客人購買的家具送到家，像是馬戲團般神奇的穿梭在台北的大街小巷，一次載不完，再來一次，風雨無阻，晝夜不分，也讓他對台北的每一條街道位置都很熟悉，完全不輸給當時的三輪車夫。

靠著家具的運送，林省三不僅可以自己負擔學費，還有多餘的零用錢，晚上送完家具，肚子餓了，就到寧波西街上喝碗牛雜湯填飽肚子，閒暇時間，還可以到「青鳥」聽古典音樂。

「青鳥」（Blue Bird，簡稱BB）是位於今天中山堂附近，永綏街「中英大藥房」旁的一間古典音樂咖啡廳，[12]因為林省三非常熱愛古典音樂，所以當他身上有一些零用錢時，就會直奔「青鳥」去聽音樂。

## 大學時期愛上古典音樂與跳舞

「青鳥」內有許多西洋古典唱片跟音響，當時只要點一杯三元的咖啡，就可以欣賞古典音樂，咖啡雖然一下子就喝完，但依舊可以喝著白開水聽音樂，並且點自己喜歡的曲目，所以非常受到學生歡迎，很多學生有空就會去，但因為點歌的人太多，需要排隊，如果想要聽到自己喜愛的曲目，就得早一點去，否則得要等很久。

林省三對於古典音樂的喜愛，一直持續至今。他在臺灣省政府交通處服務期間，為了買零件來組合成音響聽音樂，整整花了兩個月的時間；後來每到東京出差，辦完公事後就直奔唱片行選購唱片。他最喜歡的曲目是柴可夫斯基、孟德爾頌的小提琴曲，還有莫札特的小夜曲及貝多芬的「命運交響曲」，貝多芬在寫作此曲時耳朵全聾，這對一個音樂家來說，不能聽到自己創作的音樂，分明是命運之神在嫉妒他，才破壞他的聽力，一開始的震撼音節，也是象徵著命運之神來敲門，但貝多芬就是不向命運低頭，這讓林省三非常感動，百聽不膩。

在行政專科學校二年級的時候，林省三也學會了跳舞，對此也相當有興

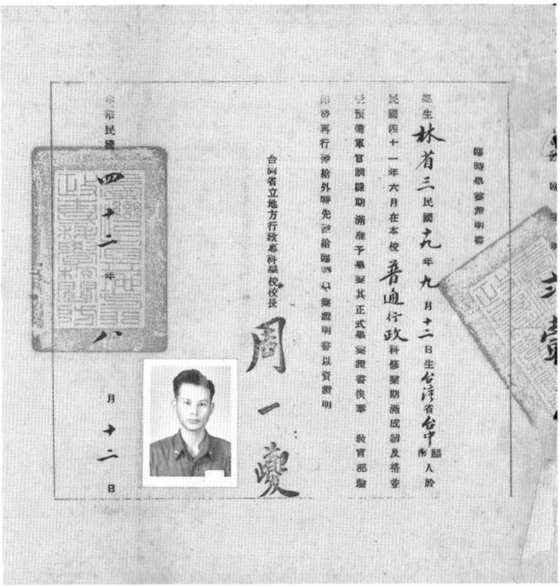

臨時畢業證明書

學生林省三民國九年九月十二日生台灣省台中縣市人於
民國四十一年六月在本校普通行政科修業期滿成績及格並
已預備軍官訓練期滿准予畢業其正式畢業證書俟奉教育部驗
印後再行補給外特先發給臨時畢業證明書以資證明

台灣省立地方行政專科學校校長
周一夔

中華民國四十二年八月十二日

畢業證書

學生林省三係台灣省台中縣市人
中華民國拾玖年玖月拾弍日生
在本校普通行政科修業期滿成
績及格准予畢業依專科學校法
第二十一條之規定給予畢業證
書此證

臺灣省立地方行政專科學校校長
周一夔

中華民國四十一年六月　日

行政專科學校臨時畢業證書（圖上）與補發正式畢業證書（圖下）

趣，常常與同學一起跳舞，但都相當克難，因為沒有鞋子，所以是穿著木屐跳舞，唱機播放的音樂，也時常放到一半，因為彈簧鬆掉，音樂就停止，得要重新再上發條。

那時候在北投有一間叫做「新樂園」的舞廳，有現場演奏，而且地板相當光滑，林省三就很想要去這間比較正式的舞廳跳一次舞，班上有一位外省籍的女同學，也很喜歡跳舞，於是林省三存了兩、三個月的零用錢，兩人就由林省三騎著腳踏車，從南昌街載著女同學到北投去跳舞，因為路途很漫長，中間還停下來稍微休息，兩人進去跳的第一隻舞就是〈最後華爾滋〉（The Last Waltz），兩人只是因為喜歡跳舞而結伴去跳舞，並沒有太多的聯繫。直至一九八七年，蔣經國總統開放探親後，這位女同學就回到中國大陸，再也沒有訊息。現在回想起來，都是林省三大學時期的青春印記。

## ☸在職身份夜間進修，取得法商學院學士學位

一九五二年六月，林省三從臺灣省立行政專科學校畢業，隨即接受預備軍官訓練。自一九五二年起，為因應世局與反攻作戰需要，乃普遍徵訓應屆大專畢業生為預官，林省三就是第一屆的預官，在鳳山陸軍軍官學校受訓後，[13]於一九五三年七月，陸軍軍官學校預備軍官訓練班第一期結業，取得陸軍少尉資格。

因為第一屆預官並不需下部隊，僅接受訓練，但林省三在後來教育召集時仍有擔任排長，並在值星時代理連長。他在擔任值星官時相當嚴格，集合遲到時都會被他罰跑步。而他也帶過非常調皮的部隊，他在晚上睡覺查鋪時，就發現大家會用東西蓋上毯子，裝出在睡覺的樣子，但實際都溜到樓下的福

利社喝酒，他捉到好幾次，就罰這些人出公差。

一九五五年，林省三的母校臺灣省行政專科學校升格為臺灣省立法商學院，設有四年制法科行政學系（後改為公共行政學系）、法律學系、地政學系、社會學系四系。[14] 林省三於一九五六年重新回到法商學院修補學分，因為原來的行政專科學校是二年制，理應再讀二年就可取得學士學位，但林省三於一九五五年就進入臺灣省政府交通處服務，所以只能利用晚上的時間上課，也就比別人多讀了一年，大學讀了五年，直到一九五九年才從臺灣省立法商學院公共行政學系畢業，取得學士學位。

在大學時期，老師們上課並不點名，只要考試及格就可以過關，但那時不管那一科，老師們上課都是光講課，沒有講義，也很少寫黑板，同學只能一直做筆記，所以能不能過關，筆記很重要。林省三當時已經在省政府上班，他雖然很想全勤，但碰到公務繁忙時，也只能缺課，這時就要借同學的筆記來抄，那時候也沒有影印機，只能手抄，而且抄完要馬上還同學，所以在抄筆記上花了不少時間，這也是林省三對於大學生活中頗有記憶的往事。

就學期間，林省三也對一些師友印象深刻，如吳英荃老師、鄒文海老師等，都是令人敬佩的師長，而同班同學如後來擔任內政部次長的許新枝先生、桃園縣主任秘書的廖本洋先生，後來也成了一輩子的好友。廖本洋先生大學時坐在林省三隔壁，服預官訓時，也是隔壁床，畢業後又一同分發到省政府，一直維持著良好的友情。同學們畢業後也召開同學會，慣例都是由經濟狀況較好的同學作東，一開始林省三還不用出錢，到了後來，也陸續擔任了幾次主人。

對於學問的追求，林省三認為學校只是開端，真正的學習是永遠的，尤其是時代進步很快，必須要隨時隨地學習，所以他畢業後，常到書店看書，只要是他有興趣的新知，就會買回家閱讀，才能跟上時代，「學無止盡」、「活到老學到老」，才應該是學習的真諦。

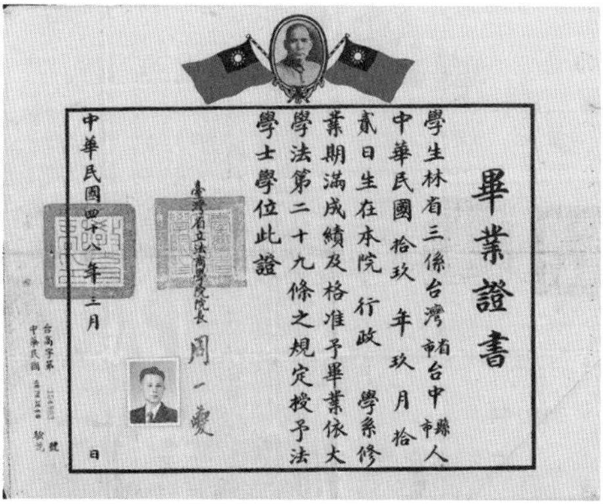
畢業證書
學生林省三係台灣省台中市人
中華民國拾玖年玖月拾
貳日生在本院行政學系修
業期滿成績及格准予畢業依大
學法第二十九條之規定授予法
學士學位此證
臺灣省立法商學院院長 周一夔
中華民國四十八年三月 日

退伍後再重回法商學院，取得學士學位

法商學院的學士照

林省三為中興法商學院第四屆傑出校友

1 台中一中設立於一九一五年，是日治時期第一間臺灣人可以就讀的中學校，原名為「台中州立台中第一中學」，戰後改名為「臺灣省立台中第一中學」，今日為「台中市立台中第一高級中學」。見台中一中學校官網 https://tcfsh.tc.edu.tw/p/426-1076-1.php。

2 彰化高中創建於一九四二年，原名「台中州立彰化中學」，戰後改名為「臺灣省立彰化中學」，今日為「國立彰化高級中學」。見彰化高中官網 https://www.chsh.chc.edu.tw/p/405-1009-467,c204.php?Lang=zh-tw。

3 一九二八年成立的「台北帝國大學」，一九四五年更名為「國立臺灣大學」。見國立臺灣大學網頁 https://www.ntu.edu.tw/about/history.html。

4 一九二二年成立的「臺灣總督府台北高等學校」，一九四五年更名為「臺灣省立台北高級中學」，因戰後急切需要培養大量中學與高中師資，一九四六年升格為具大學位階的「臺灣省立師範學院」。見台師大網頁 https://scr.ntnu.edu.tw/history.htm。

5 一九一九年成立的「臺灣總督府農林專門學校」，一九四四年改設「臺灣總督府台中農林專門學校」，一九四五年更名為「臺灣省立台中農業專科學校」，一九四六年改成立「臺灣省立農學院」。見國立中興大學網頁 https://www.nchu.edu.tw/about/mid/22。

6 一九三一年成立的「臺南高等工業學校」，一九四四年改設「臺南工業專門學校」，一九四五年更名為「臺灣省立工學院」。見國立成功大學網頁 https://web.ncku.edu.tw/p/412-1000-48.php?Lang=zh-tw。

7 一九一二年設立「設立民政部學務部附屬工業講習所」，一九一八年增設「臺灣總督府工業學校五年制」，一九一九年改名為「臺灣公立臺北工業學校」，一九二三年改為「臺北州立臺北工業學校」，一九四五年更名為「臺灣省立臺北工業職業學校」，一九四八年升格為「臺灣省立臺北工業專科學校」。見國立台北科技大學校史館網頁 https://archive.ntut.edu.tw/p/404-1050-92395.php?Lang=zh-tw。

8 原文為《大學》首句：「大學之道，在明明德，在親民，在止於至善。」

9 四書為儒家經典，南宋理學家朱熹取《禮記》中的《中庸》、《大學》兩篇文章單獨成書，與紀錄孔子言行的《論語》、孟軻所撰寫的《孟子》合為「四書」。

10 見國立台北大學網頁 https://new.ntpu.edu.tw/about/history?lang=zh。

11 同上

12 地址為今日永綏街十八號，青鳥原為日人經營的 Blue Bird，後由徐朝風接手，故改名為「朝風」，仍是許多學生、文人聚集的著名古典音樂咖啡廳，詳見子敏，〈約會在朝風〉，《回到中山堂：延平南路九十八號和周遭生活圈的故事》（台北：台北市文化局，二〇〇二年），頁一一二—一二〇。吳美枝，《台北咖啡館：人文光影記事》（台北：臺灣書房，二〇一一年），頁八十六。

13 https://zh.wikipedia.org/zh-tw/%E5%A4%A7%E5%B0%88%E7%A8%8B%E5%BA%A6%E7%BE%A9%E5%8B%99%E5%BD%B9%E9%A0%90%E5%82%99%E8%BB%8D%E5%A3%AB%E5%AE%98%E8%80%83%E8%A9%A6。

14 同上

第三章

# 負笈公職 與海運結緣一甲子

## ☸因為愛海選擇交通處航訊科

從臺灣省立行政專科畢業後，林省三參加了當時專為預備軍官就業的特種考試，取得公務人員任用資格，分發到臺灣省政府交通處。因為從小對大海的喜愛，選擇了航政相關業務，也開啟他的海洋人生。

在公職時期，林省三擔任過臺灣省交通處股長，以及交通部航政司航務科科長，主管過國內及國際航線，超過十年的公職生涯，也讓他對航運業務更加瞭解。

一九五三年七月，林省三從特種考試錄取人員訓練結訓後，僅僅休息了三天，就直接到臺灣省政府交通處報到。那一年，分發省政府交通處的新人總共有四位，其他人要來報到前，似乎都做足功課，對於交通處頗為瞭解，也已經打定主意要去那一個科室，林省三記得有一位同事說，他來交通處，是因為日後坐火車可以免費，於是選了路政科。

因為小時候在大連港邊長大，林省三對於港口及大海相當有興趣，所以選了跟海洋有關係的交通處，但對於交通處內部的業務分科沒有太多概念，當負責分發新進人員的人事室王股長詢問他希望去那一科時，林省三還猶豫了一會兒，王股長好心提醒說：「哪一科都可以去，就是不要去航訊科。」這一提醒，林省三不免好奇地問，為什麼不要去航訊科？王股長回答：「因為科長非常兇。」當時年輕氣盛的林省三一聽，憑著一股衝勁，明知山有虎，偏向虎山行，竟鐵齒地說：「那我就要去航訊科。」

到了航訊科，林省三才知道航訊科科長謝海泉是湖南人，有湖南人的牛脾氣，常常電話講到一半就直接摔電話。過了不久，謝科長在協助《交通》月刊的徵稿，但當時稿件非常少，謝科長有天問林省三能不能寫篇文章，林省三就寫了篇〈航政對於「簡化漁民出海手續」政策之配合〉，介紹了當時政府對於漁船出海手續的簡化，謝科長看了文章，對他刮目相看，開始重用林省三，將他升為第一股股長，主管航政。

## 從業務執行中挖掘政策問題

林省三所管轄的業務是中華民國的航政，但他覺得非常好奇，因為憲法第一〇七條第五款規定：「左列事項，由中央立法並執行之：五、航空、國道、國有鐵路、航政、郵政及電政。」既然航政在憲法上是明定由中央立法並執行，怎麼會是由省政府交通處在辦理？為了一解心中之惑，他還特別調閱已經泛黃的歷史公文，才明白，這個規定原來是一九四九年中央政府遷台後，匆匆忙忙，沒有時間及人手管理，行政院僅以一紙命令，便委託臺灣省政府暫時代為辦理。

省政府交通處航政股，主要是監督高雄、基隆、花蓮三港口的航政業務，其中有一項是發放無外交關係國家船隻來台的特許通行證，依當時的規定，船隻來台前三個月，不可以到「匪區」（中國大陸），違反者就不能來台。這項業務也讓林省三百思不解，他覺得各港口的港務局是營業單位，船隻要來，可以賺港埠費用，爭取都來不及，怎麼還要拒絕呢？

林省三認為，船舶只是工具，就算是三個月以內曾到過中國大陸的船，只要能夠出口臺灣的商品，對臺灣有所貢獻，就應該准許他們來到臺灣，如果是在安全上有顧慮，也可以不讓船員下船做管制，拒絕他們入港，這個制度確有商榷之處。

## 赴日考察力薦成立海巡專職機構

在美援期間，美援相關單位提供省政府交通處可指派一位同仁赴日研習航港制度，林省三很幸運地雀屏中選，於一九六〇年五月赴日。由於考察經費是由美援項下支出，外派費用領的是美元，當時一天經費是三百美元，食、宿、購買書籍等費用都包括在內，但林省三所參訪的日本港灣局，有提供免費招待所供住宿，飲食費用也不貴，當時天丼約日幣一百元，因此林省三把剩下的錢，在日本買了許多東西，甚至連電鍋都買了回來，使得他去日本時只帶一個皮箱，回來時變成好幾個皮箱，還得動用小貨車來載。

赴日後，林省三先到日本運輸省（今日本國土交通省）船舶局辦公室聽取相關單位簡報，然後就到各港口去參觀各港的航政。因為這次研習機會，林省三就去過日本運輸省船舶科辦公室，所以後來林省三在長榮服務時，碰到船舶局局長時，還跟他打趣說：「我是你的前輩喔，因為我比你還早，坐在這個辦公桌聽過簡報。」

經過這次赴日考察，林省三對日本的離島航運管理制度，留下非常深刻的印象。尤其是日本海上保安廳的「事權統一」，不論海上警備、緝捕走私、海難救助、燈塔補給或保護商漁船等相關業務，都由同一單位統一指揮處理，故其工作效率極高。反觀臺灣的海上事務，管理事權分散，像是當年，林省三就看到基隆港邊長期停泊一艘屬於財政部的船隻，只負責燈塔補給，不事其他海上事務，他覺得是浪費資源，相當可惜。

因此，林省三當年就覺得臺灣應該要成立類似日本海上保安廳或是美國海岸防衛隊（United States Coast Guard）的組織，將所有航運與海洋資源集中管理運用，也是他這趟考察最重要的心得，成為返國後，撰寫考察報告的主要內容之一。後來，臺灣在二〇〇〇年成立海巡署，等於落實了林省三四十年前的主張，讓他覺得非常欣慰。

## 關注離島港務交通

除了海巡外，林省三赴日考察時，對離島交通特別有感觸。由於，當時臺灣離島的船運交通非常落後，像是澎湖群島，除了馬公外，七美、望安等離島根本沒有交通客船，都是用漁船附搭乘客，為了安全考量，限定每艘漁船搭載乘客不得超過十二人，也沒有專用交通碼頭，乘客如果要下船，要等到海浪漲起來時，船隻靠近岸邊，再趕快跳上岸。往來澎湖離島的碼頭與客輪，都是時隔多年，才慢慢建設的。

林省三在日本時，特別注意到日本的離島交通船隻，車子可以直接駛進船內，小至摩托車，大至遊覽車都可以載運，這對遊客相當方便，不需在離島重新換車，而運送磚頭的卡車，也可以透過這種大型交通船直接載運，不會因為重新換車，導致從離島運送的磚頭因從船隻卸載後，再搬運上車而破損。當時臺灣運往澎湖的磚頭，因為多次搬運，幾乎有百分之二十磚頭破損而無法使用。

相較之下，當時臺灣少數行駛離島的交通船不僅小，也比較老舊，林省三對這件事情一直謹記在心。日後他到長榮服務時，有一次他陪同長榮張總裁出席與臺灣省主席邱創煥的飯局上，他就提出改善離島交通船的建議。邱創煥當時雖認同，卻表示省府經費有限，恐怕無法太快改善。然而，張總裁的祖母出身澎湖，張總裁對離島交通相當有感，當場允諾要造一條新船送給省府。消息一出，因為澎湖在地的運輸業者擔心會受到影響，所以向省府請願，此事也就此打住。

除了赴日考察外，林省三在省府交通處及交通部時，也接受過許多訓練。一九五三年十一月，剛到省政府交通處報到不久就要到北投受訓，認識有關航運的知識，他們所居住是省府在北投接收的一批房舍，每個房間都有溫泉跟浴室，所以每天都可以泡溫泉，讓他印象深刻。

在一九六〇年三月，曾至政治大學公共行政教育中心受訓。一九七〇年一月，林省三更奉派到泰國參加聯合國亞洲區航運及行政訓練（UN Econ ◯ mic Commission For Asia & Far East Training Course in Shipping Economic and

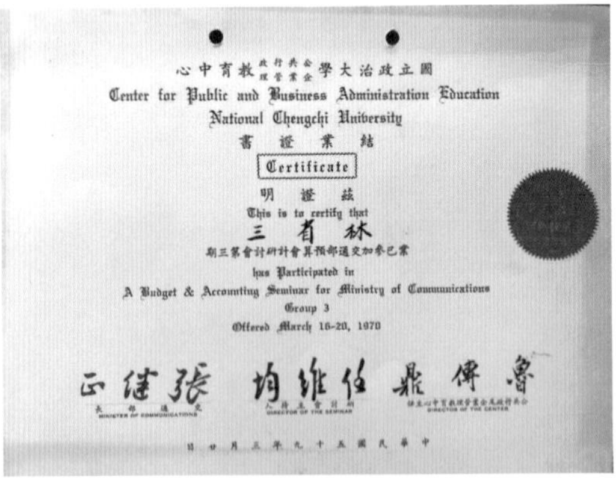
國立政治大學公共行政企業管理教育中心
Center for Public and Business Administration Education
National Chengchi University
結業證書
Certificate
茲證明
This is to certify that
林省三
業已參加交通部預算會計研討會第三期
has Participated in
A Budget & Accounting Seminar for Ministry of Communications
Group 3
Offered March 16-20, 1970

魯傳鼎 公共行政及企業管理教育中心主任 DIRECTOR OF THE CENTER
任維均 研討會主持人 DIRECTOR OF THE SEMINAR
張繼正 交通部長 MINISTER OF COMMUNICATIONS

中華民國五十九年三月廿日

至政大公行中心受訓證書

HONG KONG
CHINA

一九七〇年時，中華民國還是聯合國成員，林省三代表的國家爲「China」。

FIRST TRAINING COURSE IN SHIPPING ECONOMICS AND ADMINISTRATIVE POLICY
organized by Economic Commission for Asia and the Far East and
sponsored by the Swedish International Development Agency
12-31 January 1970, Bangkok, Thailand.
1st row: Sub Lt. Chalit Sawangsagdi, Mrs. Anchanee Ponganant, Mr. C. Uggla, Mr. E. Nordstrom, Mr. J. Bathurst, Prof. T. Thorburn, Mr. Danko Koludrovic, Mr. S.G. Sturmey, Mr. R.A. Ramsay, Miss Sachee Sirison, Miss Vanthna Phatindu, Sven Ullman, Sven Kullberg
2nd row: Mr. Krai Pongpoon, Mr. Chumnong Pengjit, Mr. Muchtar Uddin, Mr. J.K. Bhattacharya, Mr. Bernard K.Y. Tang, Mr. Patrick Pohla, Mr. P.I. Mehta, Mr. A.R.G. de Silva, Mr. Goh Chee Hiong, Mr. Phang Pin Suan, Mr. P.K. Lim, Mr. S.N. Sanklecha, Mr. Shahabuddin Ahmed, Mr. Vo-Huu-Hien, Mr. Yonyos Charuratna, Mr. Narongsak Pichayaphanich, Mr. Koh Seow Tee
3rd row: Mr. A.R. Siddiqi, Mr. Prasert Phetphongphan, Lt.Cdr. Sayunh Sunantivathn, Mr. Tashadi, Mr. Damras Kampangkeo, Mr. Pruthigrai Khuamphorn, Mr. Nipit Sutan-tanon, Mr. Sun-San Lin, Mr. Liberato L. Lazo, Mr. Ridwan, Mr. Sahirin, Mr. Han Chi Youn, Mr. Yang Min, Mr. C. Natkunasingam, Mr. Juei-Rong Kiang, Mr. Dhavis King On, Mr. Kasem Virachunya

一九七〇年林省三代表中華民國至泰國參加聯合國亞洲區航運及行政訓練，留下團體合照。

Administration Policy），因為當時中華民國還是聯合國成員，而當時省政府交通處代辦航政，所以林省三代表中華民國參加，他還留下帶著中華民國國旗照相的相片。有趣的是，當時聯合國所派的秘書Nivat，是日後長榮在泰國代理商，日後再續前緣，一起在長榮工作。

林省三最感謝的訓練，是進入交通部後，在臺灣大學語言中心的英語課程。那是維持兩年的語言課程，每天一個小時，只要踏入語言中心的大門後，就不可以再講一句中文，如果被捉到，就要取消公費資格，那段時間，培養了林省三的英文能力，這對日後他的工作有很大助益。

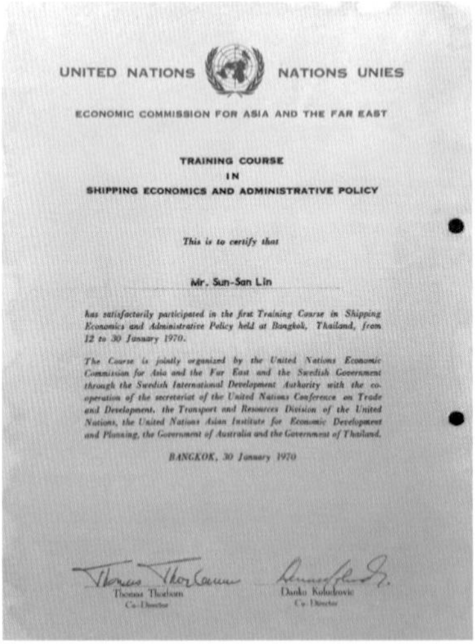
UNITED NATIONS NATIONS UNIES

ECONOMIC COMMISSION FOR ASIA AND THE FAR EAST

TRAINING COURSE
IN
SHIPPING ECONOMICS AND ADMINISTRATIVE POLICY

*This is to certify that*

Mr. Sun-San Lin

*has satisfactorily participated in the first Training Course in Shipping Economics and Administrative Policy held at Bangkok, Thailand, from 12 to 30 January 1970.*

*The Course is jointly organized by the United Nations Economic Commission for Asia and the Far East and the Swedish Government through the Swedish International Development Authority with the co-operation of the secretariat of the United Nations Conference on Trade and Development, the Transport and Resources Division of the United Nations, the United Nations Asian Institute for Economic Development and Planning, the Government of Australia and the Government of Thailand.*

*BANGKOK, 30 January 1970*

Thomas Thorburn
Co-Director

Danko Koludrovic
Co-Director

聯合國受訓證書

## ☸ 交通部時期

一九五六年，臺灣省政府將辦公單位員工遷往南投縣營盤口，設立「中興新村」，所有的省政府單位都遷移至南投中興新村，原來設在今日監察院的臺灣省交通處也不例外，林省三也跟隨到南投。

中興新村的生活娛樂並不多，僅能去中興大會堂看電影，但因為都放映老片，大家興趣缺缺，多半都是下班後聚在一起打牌，林省三覺得自己還年輕，長期如此會影響前途，所以想要脫離這個環境，便在一九六四年請調臺灣省交通處台北聯絡處，如此一來晚上就不會浪費時間打牌，朋友也會增加，同時擴大自己的視野。

只是如此一來，林省三的家屬都留在中興新村宿舍，再加上，請調台北時，交通處允諾的條件是林省三還需要兼辦原來的業務，所以林省三每週一至週五都住在台北的鐵路招待所，每個星期五都要坐火車回中興新村，星期六、日在中興新村處理原有業務，星期一早上再回到台北上班，過著沒有週末，辛苦的通勤生活。

## 專業受重用回中央部會任職

林省三主管航政，交通部有關的航港事務會議都由他代表省府出席。有一次，交通部航政司航務科長出缺，時任交通部航政司長陳紹煥詢問當時任職於近海輪船聯營處主任的國大代表胡琦，是否有適合人選？由於胡琦與林省三常在交通部的會議上相遇，雙方也認識，於是胡琦向陳紹煥推薦林省三，

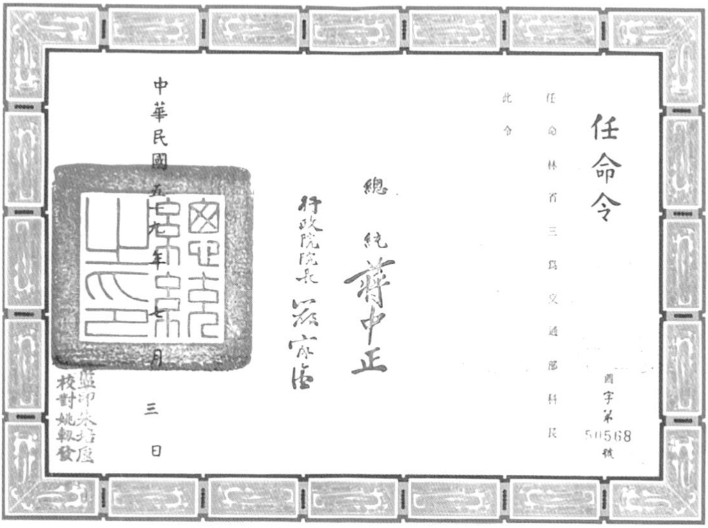
任命令

國字第50568號

任命林省三為交通部科長

此令

總統 蔣中正

行政院院長 嚴家淦

中華民國五九年七月三日

當時交通部派任令，林省三留存至今。

陳紹煥也認為適當，就請胡琦先探問林省三的意願，一心一意想要回到台北的林省三自然就一口答應。如今回憶，林省三覺得胡琦也是人生路上的貴人之一。

由於林省三當時是省政府交通處的股長，依規定，省政府股長不能直升中央部會科長，因此，林省三先於一九七〇年三月先任交通部專員，四個月後，一九七〇年七月再正式任職交通部航政司航務科科長。

到交通部任職，林省三一家人要從中興新村遷回台北，但當時林省三在台北並沒有房子，交通部表示，可以補貼房屋租金，連家具購買都有補貼。正巧，林省三父親在中和住處對面的房屋剛好空了出來，林省三就舉家搬到中和，開始了在交通部的公職生涯。

在交通部任職期間，林省三的業務不再是國內航線，而是國際航線，主要工作是要維持臺灣與其他地區的海上航運順暢。這聽來似乎很輕鬆的工作，但實際上非常艱難。因為臺灣四面環海，而且島上缺乏各種資源，不管是小麥、大麥、黃豆、玉米、石油或天然氣等，每一樣都得靠海運進口，如果這類經濟物資有數個月無法進口，造成物資短缺，臺灣就會有很大的麻煩。因此必須維持海上運輸線暢通，否則臺灣會陷入經濟危機。至於要如何維持航運順暢？這個問題，讓林省三每天都誠惶誠恐，緊張地睡不好覺。

既然國際航線如此重要，但當時臺灣經營國際航線的航運公司只有兩間：一是公營的招商局、二是民營的復興航運。復興航運是從中國大陸撤退來台時成立的公司，比較單純，[1]招商局則成立於一八七二年，是中國最早的現代化輪船公司，總公司設於中國大陸，中華民國政府撤退來台時，有幾艘招商局的船隻留在香港，並跟著政府到臺灣來，因此政府又在臺灣成立一個招商局，後來成為臺灣主要對外的輪船公司，一九五〇、一九六〇年代的美援物資，都是由招商局來負責運輸。

招商局在臺灣復業後，中國招商局仍持續營運，而中國始終認為臺灣招商局的船是屬於他們的，威脅要把臺灣招商局的輪船扣押並收回，[2]所以在一九七一年中華民國喪失聯合國代表權，一九七二年，日本與中華人民共和國建交後，中國便威脅放話，只要臺灣招商局的船經過日本，就要扣船。

對此，林省三非常煩惱，他擔心萬一招商局的船被中國接收過去，當時沒有其他公司可以支援，會影響海外物資運輸。那段時間海運情勢非常緊張，林省三常常晚上都睡不著覺。

在一九七二年十二月成立的「陽明海運公司」，便將招商局的船併入陽明海運，只是，後來原招商局的輪船經過數度汰舊換新，至今，陽明海運已與原招商局無關。

## 對海洋航運產業政策憂心

回顧在交通部的航政工作，林省三感慨頗深。他認為臺灣是個海島，每一位執政者都高喊「海洋立國」，但都是口號，因為臺灣一直沒有「海洋政策」。從產業發展來看，農業有「農業發展條例」，觀光有「觀光發展條例」，唯獨沒有跟海洋相關的航運發展條例。甚至，在與海洋相關法條中，例如「航業法」都是管理而沒有獎助發展規定，無法協助海運發展；在「民間參與交通建設條例」中，有關於民間建設鐵路、公路、橋樑、隧道、捷運、停車場等都有各類獎助條例，唯獨海運沒有。

至今，交通部提出的相關海運政策，只有「商船汰舊更新計畫」。因為造船需要大量經費，民間公司要向銀行貸款並不容易，因此，這個政策是由政府擔任「貸款保證、利息補貼」的角色，在這個方案下，共做了三期造船計畫，之後，就沒有如此實際的海運政策了。

由於海運政策的不彰，直接影響臺灣航運發展，造成日後嚴重的「國輪外流」。「國輪」是指懸掛國旗的臺灣船隻，數目並不多。實際上，臺灣船隻遍布世界，多數都懸掛外國國旗。造成「國輪外流」的主要原因是稅捐，只要那個國家所收的稅少，船商就會選擇在當地註冊，例如，臺灣稅捐比較重，但是巴拿馬收的稅極少，水往低處流，船商自然會選擇前往其他低稅捐的國家註冊，像是長榮就有很多船是註冊巴拿馬籍，自然而然地形成日益嚴重的國輪外流。

林省三認為，如果能夠讓臺灣的輪船都掛國旗，中華民國國旗就會在世界各地四處飄揚，形同是國威的展現，就像是英國全盛時期如同「日不落國」。而林省三仍記得，有次搭乘國輪到德國漢堡港，進港時，演奏中華民國國歌，讓他非常感動。

現在在歐洲，大家對於四處可見，綠底白字的「EVERGREEN」長榮貨櫃特別好奇，也想知道究竟來自於那個國家？當知道長榮是來自臺灣時，往往表現非常驚訝，對於於這麼小的國家，卻有這麼大海運能量。

國輪外流與臺灣的外交、國家處境都有關，林省三至今仍覺得這就是長期海運政策不足所導致。至於，造成此現象的關鍵「稅捐」，林省三任職於交通部時，就不斷地跟財政部建議，是不是該比照國際只收噸位稅？但是。財政部一直認為會減少稅賦收入，始終不同意，最後的結果，不但造成國輪持續外流，連原本可以收到的噸位稅，也一毛錢都收不到，同時失去了發揚國威的機會。林省三也曾跟立法委員提出減免輪船稅捐的看法，希望能獲得立委的協助，但立委也都表示沒有興趣，讓他至今仍覺得可惜。

## 積極對海運政策提出建言

林省三認為，當時交通部本身的法規與管理也存在許多問題，反而造成航商的困擾。尤其，交通部法規多是在中國大陸時期所制定，像是「航線證書」，要求航商有了船後必須要規定航線，就是中國大陸時期的法規，主要是管理中國內陸河運，例如長江、黃河等航線，與臺灣海島地形完全不同，因為國際大海的航線是無法規定，硬是要求規定航線，反而形同綁住自己的手。甚至，國際航線中的不定期船，往往是那裏有貨就去那裏，無法硬性規定航線；定期船同樣可以隨時調度航線。墨守航線規定，反而讓航商綁手綁腳，耽誤商機，因此「航線證書」後來就被取消。

除此之外，當時規定航運人員要出國，需要主管單位交通部核准後，到外交部領護照，到警備總部領出入境許可證。以往，第一關向交通部申請時，常花費較多時間，林省三擔任航務科長時，便簡化程序，為分秒必爭的航商爭取到許多時間。

在林省三離開交通部後，交通部又有一個「具保開航」的政策，因為那時中東航線亂象叢生，有很多「野雞船」，聲稱要航行中東，但時常中途到了新加坡，就將貨卸掉。因此，政府想出一個管制辦法，要求航商的船出港前，先把運費抵押在港務局做保證金，船到了中東並卸貨，在取得當地港務局的證明後，才會將運費退還給航商。這種作法對航商造成許多困擾，因為運費有兩種，一種是預付，一種是貨到後付款。如果客戶是後者，航商需先墊付保證金。

此外，有些貨主本身有問題，明明知道這是野雞船，不一定會運到目的地，但還是委託運送，因為只要有航運提單，就可以辦理銀行押匯，取得資金，至於貨物會不會到，他就不管了。但交通部的「具保開航」只約束航商，不管貨主，是非常不合理，因此，後來也被取消了。

至今，林省三仍希望臺灣既然宣稱海洋立國，應該要有正確的海洋政策，而不是只有管理法規，包括，需要立法給經營航運者融資、減息，以及稅金上的優惠，才有辦法帶動航運業發展。尤其是貨櫃航運，往往需要巨大資本投資，由政府出面領頭推動，才能連帶讓國輪復興。

回顧公職生涯，林省三對於海洋政策、航運管理的種種問題，至今仍十分憂心。他認為，有良心的公務人員，應該要「醫國」、「醫民」。正因為這種態度，讓他二十多年的公職生涯，總是在戰戰兢兢中度過。畢竟當年林省三只是位小科長，很多實務產生的問題，尤其攸關政策面，可能都需要立法層級甚至總統層級才能解決。儘管後來至民間服務，林省三的初心不變，由衷希望能夠落實海洋政策，讓四面環海的臺灣，真正地海洋立國。

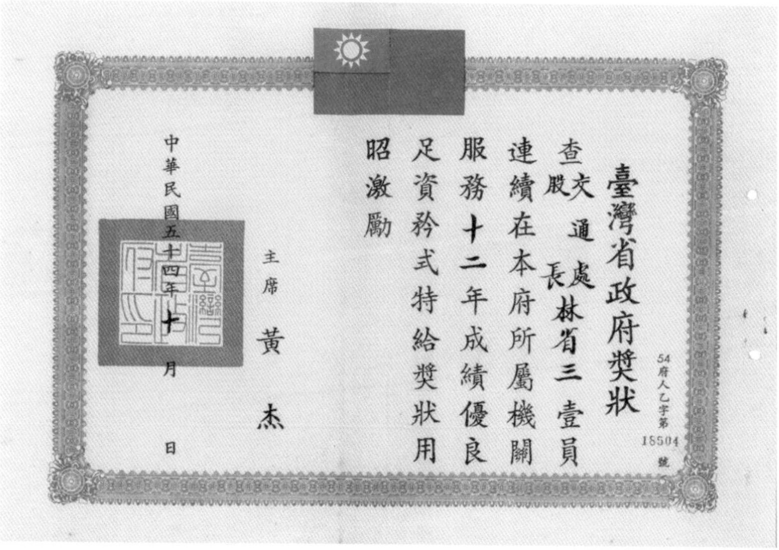

臺灣省政府獎狀

54府人乙字第18504號

查交通處股長林省三壹員連續在本府所屬機關服務十二年成績優良足資矜式特給獎狀用昭激勵

主席 黃杰

中華民國五十四年十月 日

任省政府交通處股長時，服務 12 年績優獎狀

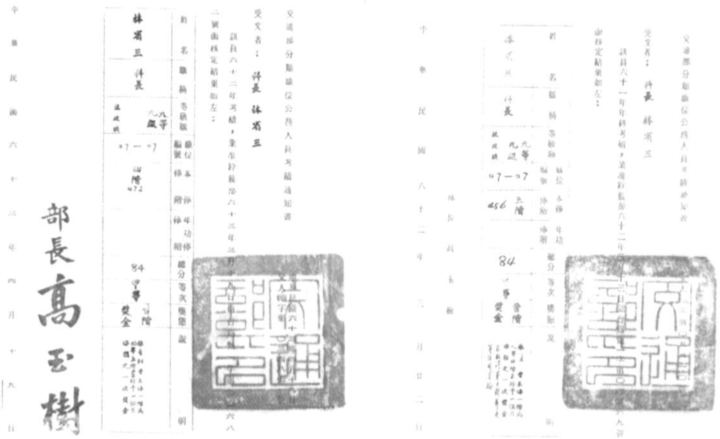


林省三於交通部考績皆爲甲等。

1 復興航業公司是抗戰勝利後國民政府因戰時徵調民間船舶所造成的損失，從美國購買的輪船中抽調部份船隻作為賠償，並由民間同業合作組織而成立的一家航業公司，其成立經過可見鄭會欣，〈國家賠償與民間合作：復興航業公司成立的背景及其經過〉，《中國文化研究所學報》N〇.五三，二〇一一，七，頁一五五—一七二。

2 有名的像是一九五〇年英國承認中華人民共和國時，有四艘臺灣招商局的輪船被扣押交給中國。見王御風，《波瀾壯闊：臺灣貨櫃運輸史》（台北：天下文化，二〇一六），頁一八九—一九一。

# 第四章

# 加入長榮 讓張榮發倚重四十年

## ☸受邀進入長榮

一九七四年，林省三辭去交通部航政司航務科長一職，前往長榮公司任職，這個決定是來自於長榮總裁張榮發（以下簡稱張總裁）的力邀。

林省三與張總裁原本互不認識，張總裁初始與友人共同經營明台海運、中央海運，後因與其他股東興趣不合，自己跳出來創設長榮海運，在台北市長安東路二十四號自宅開設公司，一樓是公司，二樓是他的住家。

當時長榮公司曾透過熟悉的立委引薦，參與交通部「商船汰舊更新計畫」中的第三期造船計畫，興建「長安輪」，這時張總裁就詢問長榮海運的總經理邱垂村，是否有認識的交通部員工，因為邱垂村是林省三彰化高中大一屆的學長，兩人原本就認識，邱垂村就介紹張總裁與林省三結識。

林省三與張總裁認識後，發現兩人志趣相投。當時林省三對於國際航線的事務還不是很瞭解，常請教對此十分熟悉的張總裁，兩人時常約在長安東路的四季咖啡廳暢談。有一次張總裁假日時約林省三到北投泡湯及用餐，因為星期日，張總裁自己開車，穿著休閒服裝，載著林省三前往北投龍門大飯店，林省三因為是張總裁邀約，以正式服裝，穿著西裝打領帶出席，到達飯店門口時，張總裁去停車場停車，林省三先下車進飯店，一進門服務生就問他是自己一個人，還是要跟司機一起用餐？林省三跟他說那位「司機」才是總裁。這段趣事可看出張總裁平易近人與隨和，這位服務生後來也被張總裁延攬至長榮負責廚房事務，提供員工午餐。

林省三和張總裁兩人結識初期，兩人都有抽菸習慣，兩人口袋中，經常攜帶香煙和打火機，經常邊抽菸邊聊天。有次，兩個人一同上陽明山摘橘子，再到淡水河邊吃橘子邊聊天，一如往常地兩人各點了一支菸。沒想到，林省三突然提議「我們來戒菸好不好？」張總裁不加思索地立刻回答「好！」隨即張總裁掏出口袋裡的香菸及和打火機，直接拋進淡水河中，身為提議的人，林省三也當場跟著戒菸，把自己的打火機也丟進河裡。林省三至今還記得張總裁丟進河裡的打火器是昂貴的Ransom牌，毫不眷戀丟棄，而且真的戒煙成功，讓他對張總裁能夠說到做到的決心和毅力，敬佩不已。只不過，林省三丟棄的打火機則是香菸攤上賣的一個三塊錢的便宜貨。

除了是無話不談、一起戒菸的好朋友外，林省三和張總裁在生活習慣上，則有互補的小趣事。像是，林省三與張總裁對於吐司麵包的愛好完全不同，林省三喜歡吃有嚼勁的吐司邊，但是張總裁吃吐司，偏好沒邊的軟吐司。如果兩人共進早餐時，就剛好可以分工合作吃完整片土司，可見默契十足。

## 思考半年後決定離開公職

有一天，張總裁突然跟林省三提出邀請，問林省三要不要到長榮上班？因為那幾年長榮積極擴張，需要有人協助張總裁管理公司。

對林省三而言，張總裁的邀請卻是剛好解決當時的經濟壓力。因為當時林省三的太太生病，在沒有健保的年代，醫藥費是一筆極大開銷。林省三在交通部的月薪加上職務加給，大約是四千八百元，對公務員而言，算是不錯的收入，但仍難負擔龐大醫藥費開銷，而民間公司較高薪水，可緩減醫藥費帶來的經濟壓力，於是，開始思考張總裁的邀約。

但是，究竟要不要捨棄公職離開交通部，去民間的長榮呢？林省三苦惱甚久，還特地請教一直很賞識他的長官——交通部次長朱登皋。

朱登皋與林省三的結緣起源於，朱登皋想要瞭解日本航空法令，遍尋交通部內熟悉日文的同事，後來發現只有林省三精通日文，於是請他協助。林省三精準的翻譯，讓他留下深刻印象，於是開始注意林省三，並時常找他談話。

朱登皐對於林省三要去長榮的想法，表示希望他要慎重考量。因為當時林省三服務的航政司的副司長，過不久就要退休，交通部有計劃要讓林省三接任副司長職務，如果，這時間點離開交通部並不適宜；其次，朱登皐提醒，長榮是民營公司，畢竟與公家單位不一樣，他擔心林省三會不習慣，希望林省三慎重考慮。

林省三聽完後，回家思考甚久，不過，考量張總裁誠意及家中經濟狀況後，最後還是決定離開交通部到長榮。此時，距離張總裁開口邀請他，已經過了半年，所以，他再向張總裁確認半年前的邀約是否還是有效？張總裁回答「當然有效」，林省三才最後下定決心，告知張總裁他會過去長榮。

作出決定後，林省三向朱登皋辭行，朱登皋表示，如果林省三離職，航務科長一定要補人，但如果他過了一段時間，真的不習慣民間企業，也隨時隨地歡迎他回來。因為林省三不是退休，是離職，可以申請復職，朱登皋允諾會幫他想辦法調任其他適當職務。面對長官的好意，林省三迄今仍充滿感激，只是林省三進入長榮後，非但沒有不習慣，還在長榮待到了八十五歲，比法定六十五歲退休年齡，還多待了二十年。

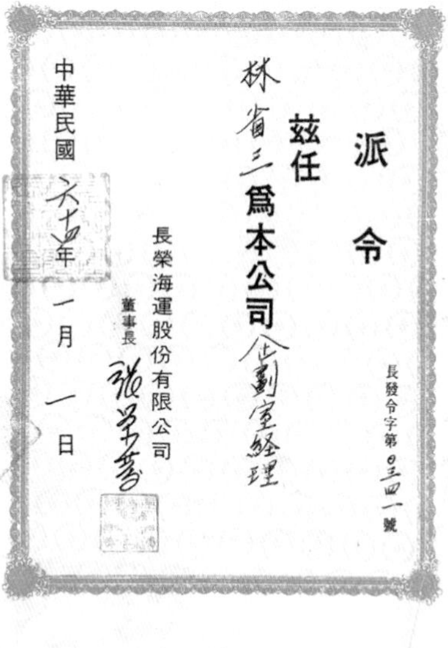

長發令字第0三四一號

派令

茲任

林省三爲本公司企劃室經理

長榮海運股份有限公司

董事長 張榮發

中華民國六十四年一月一日

林省三進入長榮後，於一九七五年派任爲企劃室經理。

# 依循長榮慣例，從基層做起

進入長榮後，林省三的經濟狀況就獲得改善，剛到長榮時，規定要實習三個月，試用三個月後，才能領正式全薪，但林省三第一個月就領到月薪二萬元，比在交通部的四千八百元，多出四倍的錢，不僅可以來支付林省三所需要的龐大醫藥費，還能夠提升家庭生活品質。

一如朱登皐所言，交通部和長榮的工作環境與氛圍相差甚遠，公家單位雖然規定八點半上班，但實際上九點才到也沒關係，因為簽到簿一直放著，隨時可以補簽。而長榮同樣規定八點半上班，卻沒有人準時八點半才到，因為大家都是提前上班，八點半以前就來了，八點半時間一到，簽到簿就準時收走。到了下班時間，公家單位也是準時簽到下班，但長榮沒有人會準時下班，大家都工作到非常晚，把手上工作結束後，才會下班回家。

遵守上下班時間，對林省三來說不成問題，他進長榮後，都是一早就去上班，直到晚上工作完成後才下班。只不過，林省三認為自己雖然對航政瞭解，但對航運業務部門一竅不通，因此婉拒了張總裁一開始要讓他擔任副總經理的好意，自願降級到營業部，藉由到業務部門去好好磨練，瞭解長榮的基層業務後，才能夠指揮。

當時長榮總經理是葉福星。隨著長榮業績蒸蒸日上，葉福星也忙得不可開交，張總裁原先希望林省三能夠去協助葉福星。而葉福星在到長榮之前，是在臺灣航業公司任職，而臺灣航業公司的最大股東是交通部，因此林省三與葉福星原本因為業務往來已經認識。張總裁聽完林省三想要了解基層業務的考量後，也覺得有道理，於是答應給他兩年時間，到營業部擔任經理。

營業部的兩年，林省三雖然職銜是經理，但他完全放下身段，每天跟著課長葉順利拜訪客戶，學習如何攬貨、整理資料，提單也都由自己來做，當時沒有電腦，都要用手工製作。同時也參與其他各部門的經營會議，在會議中他不發表任何意見，只是聽取大家的討論。

很快地，兩年過去了，一九七六年時，張總裁說，「該上來了吧！」於是讓林省三跳過協理職務，直接升任副總經理。當時長榮的有四位副總經理，分別負責營業、工務、船務與財務等四大業務，林省三因為在基層時待在營業部，因此主要負責營業部。

一九七四年，長榮還沒進入全貨櫃化的時代，主要業務仍是以雜貨船為主。當時長榮主要經營中東航線，當時中東地區，因為全球經濟進入以石油為主要能源的階段，中東國家遍地都能挖到石油，大量開發油田，社會變得非常富裕。

林省三還記得，他曾經跟張總裁去科威特考察時，當地習俗是在家請客表示最大敬意，長榮在當地的代理行老闆就在家款待張總裁一行人，林省三參觀完代理行老闆占地龐大的院子後，由於當地溫度非常高，就好奇地問說，「既然空間這麼大，為什麼不像美國的住家，在院子蓋個游泳池消暑呢？」老闆幽默地回答，「我們這裡不挖游泳池，因為一不小心，就會挖出石油。」

拜產油之賜，中東國家開始富強，各地都積極進行基礎建設，不論是興建房屋、道路、碼頭，都需要從亞洲進口的水泥、鋼筋等原物料，大量的貨品需求，導致航運價格上漲，讓長榮賺了不少錢。

只是，當時中東地區碼頭經營並未上軌道，面對大量貨源運輸，碼頭無法消化，等待進港的船隻，經常大排長龍，經常要在外海等待一個星期，有時甚至得等到一、兩個月才能夠入港。因為無法確定等待入港卸貨時間，導致貨船難以調度，因此，長榮想出一個方法，放了一艘舊的空船在當地，如果碼頭沒位置，就將運來的貨，先全部卸到這艘舊船上，由舊船去排隊，原先運貨的船隻就可以回到臺灣再去運下一批貨。以舊船調度卸載等待的方式，可見長榮在航運經營的靈活手法。

繼中東地區業務蓬勃後，長榮開始注意到中南美洲的航運生意也不錯。當時加勒比海沿岸的國家，例如，盛產石油的委內瑞拉也很有錢，於是長榮就開始經營中南美洲國家。再加上，經營中南美洲航運的業者少，率先看到發展潛力的長榮，取得先發優勢，因此在中南美洲航運業務獲得非常不錯的成績，因此當時長榮的營業部就有中東課及中美課專責處理相關業務。

加入長榮後，赴
日本參與造船完
成後的試船。

進行中東考察時，拜訪代理商合影留念。

## 從公職到民營的「初體驗」

林省三進入長榮後，除了工作執掌上，不斷學習新事物外，也發生了因為新業務的趣事。林省三擔任公務人員階段，是在一九七二年蔣經國接任行政院長後，提出公務人員的「十誡」。要求各級公務人員務必遵守。其中一項就是「各級行政人員一律不得進出夜總會、舞廳、歌廳、酒家等場所」。因此林省三在公務人員任內，必須謝絕應酬，更不能上酒家。但是加入長榮後，因為是民間公司，基於業務需要，常常得上酒家陪同客戶應酬。

當時長榮的同仁常去的一間酒家在台北圓環附近，叫做「月世界大酒家」。初來乍到的林省三，曾經投稿《長榮月刊》，寫了一篇題為〈月世界登陸記〉的文章，用幽默的筆法描寫他初入酒家的所見所聞。文章開頭寫到，當公務員的他在十誡禁令之下，只聞有「月世界大酒家」而不得進入其門，只能望「月」興嘆；進入商界後就實施了登陸月世界的太空計劃。首次進入月世界，也引用了美國太空人阿姆斯壯的名言：「這對人類來說是一小步，對我來說是一大步」。

而這篇文章副標題，林省三則寫道：「誰說那裡是一片沙漠，滴水無有；甘泉美酒，滿地都是。誰說那裡是乾燥無味，毫無溫暖；飛來香吻，夠你銷魂」。最後又說：「太座們的怒吼聲引發了酒客們回航的火箭。」「再見吧，月世界的嫦娥們，有空來玩！再見吧，地球上的人類們，有錢再來！」

（〈月世界登陸記〉詳見第一九〇頁）

## ☸長榮的貨櫃化

在長榮的中東、中南美洲航線漸上軌道之際，具有遠見的張總裁，看準貨櫃船會取代當時的雜貨船，堅持要走上艱辛的貨櫃化之路。

貨櫃船與雜貨船運輸，在各方面相差甚遠。一般而言，雜貨船運輸只需要有一艘船，就可以開始營業，接單運輸貨物。但是，貨櫃運輸卻相對複雜，除了貨櫃船本身造價驚人外，還需建造碼頭、貨櫃場，當然更少不了貨櫃與貨櫃車，需要投入大量的建置成本與資金。

也因此，許多人對張總裁的決定感到質疑，拋棄順手的雜貨船，而去經營前途未卜的貨櫃船，甚至有人說長榮瘋了，但張總裁相當堅持要執行貨櫃化，全臺灣也只有張總裁有這種想法。當時雜貨船公司有好幾家，不但都反對，也沒有貨櫃化，如今這些雜貨船公司都不見了，證明張總裁是對的。

對於執行貨櫃化完全不瞭解的長榮，決定從市場調查開始，貨櫃化的第一年幾乎都是在做市場調查，由於當時美國東岸的運價很好，因此就從美國東岸開始進行調查，而林省三也參與美國的調查工作。[1]

長榮對於貨櫃化的調查非常仔細，包含碼頭效率、價格等，究竟是用火車還是用卡車運輸都一一徹底調查。林省三偏向市場的調查，包括貨主在那裏？代理行要找誰？運費多少？從港口卸貨後，如何交貨給貨主？貨主要如何將貨櫃還給長榮？許多細節都一一調查，因為這些細節攸關運費成本，需要透過精密計算，才能決定運費多少。而如此精細的徹底調查，總共花了兩百多萬美元。雖然光是調查的花費如此驚人，但林省三強調，絕對要經過調查評估，才能執行，否則就太過冒險。

調查工作結束後，長榮開了好幾次的檢討會，最後的結論是貨櫃化可行。既然要執行貨櫃化，首要的工作就是造船。但是，長榮首次進軍貨櫃運輸，也沒有必勝的把握，所以不敢造大型貨櫃船，決定先做六〇〇TEU（TWENTY-FOOT EQUIVALENT UNIT，國際標準二十呎貨櫃，意指這艘貨櫃輪可以裝載六〇〇個二十呎貨櫃）的小型貨櫃船，但找不到造船廠，最後找上日本的林兼造船廠。

當時的長榮，名氣不是很大，林兼造船廠還詢問這間沒聽過的「Evergreen」是從哪來的？最後是在日本丸紅商社的推薦下，林兼造船廠才為長榮建造了四艘六〇〇TEU的S型新貨櫃船，開啟了長榮的貨櫃運輸之路。

## 貨櫃化資金龐大需靠日商外援

長榮面對幾次難關，都有丸紅商社的出手支援，像是貨櫃化如此龐大的資金需求，也是在日本丸紅商社的支持下過關。丸紅商社為什麼會如此力挺長榮？坊間有很多傳聞，甚至有人說丸紅商社社長的女兒是張總裁的女朋友，丸紅才會大力支持。林省三對此說法，一口否認，說是謠言。

實際上，丸紅一開始與長榮的合作並不非常順利，但是在張總裁詳盡的說明下，丸紅才願意試試看，[2] 有了丸紅的保證，銀行才願意貸款給長榮，也由於張總裁的極強說服力、魄力與能力，才有辦法讓丸紅點頭。

面對丸紅的支持，長榮也沒有辜負丸紅的信賴，貨櫃航運非常成功，長榮也就成為丸紅的商業伙伴，兩者之間完全是互惠互利的正常商業往來，沒有什麼秘密可言。

長榮的貨櫃化上路後非常順利，生意好到出乎意料。主要原因是貨主們覺得貨櫃船比起雜貨船更有保障，雖然價格貴了一點，但還是決定將比較貴重的貨品交給貨櫃船，也使得長榮的貨櫃船班班客滿。不消幾個月，六〇〇ＴＥＵ的貨櫃船運輸就不夠使用，還好當初在建造時，已預留可供延長加大船體的空間，能夠加大變成八〇〇ＴＥＵ的新船。只是需求強勁，貨櫃船供不應求，沒有幾個月也滿了，但是船隻不能再擴張，只好改造新船，將原本建造的雜貨船中止，改建為一二〇〇ＴＥＵ的Ｐ型貨櫃輪四艘。

由於貨櫃化各項支出頗為驚人，為節省成本，長榮在桃園、汐止、高雄、台中等地設立自己的貨櫃場，也為了運輸貨櫃，設置了自己的運輸公司。而航線也逐步增加，在美東航線之外，又開闢了美西航線，同樣是供不應求，而長榮貨櫃化的成功，更帶動國內其他航商跟進，如陽明也開始研究貨櫃化，也才有今日臺灣海運的盛況。

## 與運費同盟的對抗

長榮在完成太平洋航線後，下一個目標就是希望進入歐洲市場。當時的歐洲航線是由遠東運費同盟（Far Eastern Freight Conference，簡稱 FEFC）主掌，遠東運費同盟當時已有百年歷史，主要是由歐洲的大型輪船公司所組成，壟斷遠東到歐洲的定期貨櫃航線，並自訂規則，只有參加該同盟的公司才能經營歐洲航線，而且每個國家只准一間航運公司參與。

此外，遠東運費同盟還向貨主威脅，如果跟長榮合作，將來長榮撐不下去，退出歐洲航線，運費同盟就不會再幫他們運貨。貨主雖感到猶豫，但由於運費同盟長期壟斷後，運價很高，運貨到歐洲的成本也就跟著提高，使得臺灣對歐洲貿易一直無法開展，因此許多貨主非常希望長榮能出來經營歐洲線，讓運價合理。

像是罐頭公會就非常支持長榮，當時臺灣的洋菇罐頭是外銷主力，也是法國料理最常用到的食材，但運費同盟嫌這類罐頭又重，運費又不高，運送罐頭的意願不高。因此，當罐頭公會的成員們得知長榮要經營歐洲航線時，還特別找到林省三，拜託長榮一定要幫忙運送，林省三一口答應，因為長榮的貨櫃船需要像罐頭這類，重一點貨物來壓艙，因此這些貨主是支持長榮經營歐洲航線的極大力量。

當時代表中華民國參與的是香港的東方海外公司（OOCL），東方海外聽到長榮向交通部申請要開航歐洲航線時，就向交通部抗議，他們所持的理由是運費同盟規定每個國家只准一間公司參加，中華民國已經有東方海外，就不能違反規定，准許第二間航商行駛歐洲航線，要求交通部不可准許長榮的申請案。

對此，林省三專程去找他的前長官——交通部次長朱登皋據理力爭，他向朱次長表示，國際海域自由化是世界趨勢，而且歐洲航線長期被這樣壟斷，所以運價非常高，也使得歐洲貿易一直無法打開。

加上此時，香港《新聞天地》創辦人卜少夫寫了一篇專欄，認為歐洲航線不能被運費同盟壟斷。雖然卜少夫與長榮互不認識，但他的專欄在當時頗有影響力，許多政府高層都會閱讀，而朱登皋也讀了卜少夫的文章，認為很有道理，但在層層壓力下，朱登皋請林省三給他兩三天的時間思考。

經過幾天思考，朱登皋告訴林省三，政府會批准長榮的申請案，理由是東方海外是香港公司，並不代表中華民國，而且政府從來沒有規定歐洲航線只准一間公司經營，因此長榮正式拿到經營歐洲航線的許可。

## 無謂競爭，開啟歐洲與環球航線

當長榮歐洲航線正式開航時，運費同盟仍持續發動攻勢，在長榮船班的前一天特意安排一班船，並降低運價來夾殺長榮，但貨主都不為所動，表示要將貨留給長榮，也就在此情形下，長榮歐洲航線順利開航。一九七九年四月十日，「長生輪」首航遠東至歐洲的航線，儘管在重重封殺下，由於長榮以往的好口碑，這次仍有七成的載貨量，經過四、五個航次，就開始滿載，長榮成功的開啟了歐洲航線。

在長榮海運陸續開闢了中東、中南美洲、美國、歐洲航線後，只剩下大西洋航線，就可以成為全球航線。經過精心的調查規劃後，一九八四年開闢了從來沒有人嘗試過的環球航線。

長榮的環球航線是雙向開航，東向環球航線是沿著「遠東——美國——歐洲——遠東」航行，西向環球航線則是依其相反路線，兩船對開。母船主要停靠的國家有臺灣、日本、韓國、香港、新加坡、馬來西亞、英國、德國、荷蘭、比利時、法國、西班牙、美國、牙買加各國。另外在各區域設置轉運中心，發展接駁航線，讓長榮海運的船遍及世界各地。

環球航線開闢成功後，長榮在世界各地都舉辦了酒會感謝貨主，台北就在圓山飯店舉行，當天僅邀請一千位貨主，卻來了將近一千二百位貨主共同慶賀。每個人都想要見到張總裁及總經理林省三，但人數實在太多，秘書最後就想出一個辦法，在總裁及林省三的身旁，派人拿著氣球，讓大家可以很快知道兩人的位置。這也可看到全球貨主對於長榮環球航線的歡迎。

也由於此航線的成功，在一九八五年，長榮登上世界貨櫃船公司龍頭寶座。林省三表示，環球航線帶來最大效益的是節省成本。因為對貨櫃運輸來說，空櫃是一個大問題。當貨櫃船由臺灣航行至美國，貨物由貨主領走後，空貨櫃該如何處理？如果不能夠在當地攬貨，重新裝滿該貨櫃外，就必須想辦法將空櫃重新運回臺灣，但在環球航線的架構下，東行航線的空貨櫃，可由西行航線的貨櫃船運回，這省下的成本，比起賺的還多，也讓長榮能登上世界第一。

## ☸長榮航空的誕生

除了長榮海運，長榮也在一九九一年開辦長榮航空，成為跨足海運、空運的公司。為什麼會成立長榮航空？

在長榮航空成立之前，臺灣國際航空公司僅有中華航空。不可諱言，由於長期獨家經營，在服務態度上仍有許多改進空間，因此長榮認為臺灣還需要另一間民營航空，以競爭來促進服務的改善，決定籌辦長榮航空。

長榮海運要成立長榮航空的消息一傳出，就引起中華航空的緊張，也找來立委向交通部關切，讓交通部壓力很大，當時交通部長簡又新認為應該要有競爭關係，才能讓品質改進，最後頂住壓力，准許長榮航空設立。

林省三表示，長榮的創業過程，一直都會受到類似的攻擊，不論是長榮要進入歐洲航線時與運貨同盟的對抗，或是長榮航空剛成立時，都會受到許多謠言，甚至是到交通部告狀。當時的航運業，不論是海運還是空運，像是一塊板子，只要有新的釘子冒出來，就會被打下去，當時要不是有交通部長官如朱登皐、簡又新的堅持，長榮的新創事業，可能就此夭折。

長榮航空成立之初，向波音公司買了七六七型客機，當新機從西雅圖飛到桃園時，林省三陪同張總裁親自到桃園機場接機，飛機降落時，林省三非常感動，甚至流下眼淚。日後長榮航空的發展也非常順利，航線一再擴大，業務也持續增加。雖然這幾年碰到疫情，以客運為主的長榮航空受到衝擊較大，但也已經度過難關，林省三相信長榮航空會越來越好。

## ☸長榮的員工養成教育

長榮集團的成功，要歸功於張總裁的英明領導。不可否認，張總裁的用人成功是重要的因素。像是長榮創辦初期，任用的幹部都是一流人才，例如，汪明欽，在雜貨船時代是公司營業部門的台柱；郭宣瑜早年坐鎮美國地區穩定發展；柯麗卿主管財務其功不可沒；邱煥六負責維修屬輪至為辛勞；王寶琳善於物流頗得貸主賞識，游長和主管船務有條有理，鄭金泉是公司貨櫃化的一大功臣。

除了這些元老之外，後起之秀還有黃仁宗、許瑞源、陳清標、葉順利、謝志堅、吳景明、許昭義、王宗進、林敬恩、徐人剛、柯金成、黃訓國、鍾德美、劉孟芬、謝玲安、廖雪惠、張銘波、王龍雄、林廷祥、張耀婷與陳書屏等人，都是優秀人才。

其中，謝志堅還做到長榮集團次席副總裁，退休後被交通部賀陳旦部長賞識，請其任職陽明海運公司董事長，對該公司的業務改善頗有建樹，國立海洋大學亦頒發名譽博士學位給他，其他還有鄭光遠被延攬到高鐵任總經理，曾俊鵬，楊錫濬等人自有老闆命，離開長榮後都自己創業成功，已成為企業界的名流。

林省三說長榮的優秀人才不只這些，只是他已經是九十四歲老人了，記憶力退化，已不能一一列名，必有遺珠。總而言之，長榮的成功應是張總裁的英明領導和那些優秀人才共同努力的結果。

這群長榮員工，幾乎都是不分日夜在拚搏，林省三也不例外。他回憶有一次有業務需要，想跟歐洲的長榮同事聯絡，因為時差關係，歐洲上班時間，臺灣是深夜，所以他當天就睡在辦公室的地板，以便等到臺灣時間半夜，是歐洲同事的上班時間，就能夠立即通話。

當時林省三辦公室在松江路長榮松江大樓（松江路六十三號）的九樓，十樓是張總裁的住家，張總裁在半夜察覺樓下辦公室怎麼還會有聲音？因此特別走下九樓，看到林省三還在工作，馬上回十樓，倒了一杯人蔘茶給林省三，表示慰勞，也讓林省三對張總裁愛護部下的心意相當感動。

林省三回憶到，在長榮的營業部門，工作應酬到深夜是家常便飯，有時候，晚上吃完飯後，還要到北投上酒家，長期下來，與家人們都不是說晚安，因為回家見到家人時，通常都已經是第二天早上，而是說早安。

長榮的員工會如此優秀，也源自於他們的養成教育，能進入長榮的員工，素質都非常優秀，錄取率甚至比台大還低，但要進長榮，有一個先決條件，就需要是一張白紙，不能曾有工作經驗，由長榮從頭訓練及教育。

長榮非常注重張總裁所強調的三個精神：挑戰精神、創新精神、團隊合作。林省三經過多年觀察，又加上使命感與道德心，這是長榮對新人最重視的五項特質，林省三也常在新進人員的教育課程對新人耳提面命。

一是挑戰精神，指的如何挑戰困難。對新人而言，不管是以往就學期間，或是未來的工作，都會遭遇困難，一旦遇到困難，就要挑戰它，並想盡辦法克服，碰到困難就逃避，那就會變成無用之人。日後要挑選主管時，首先就會考量這個人有沒有能力解決問題，勝任新的職務，所以能迎接挑戰，成為解決問題的能手，就能掌握升級的機會。

二是創新精神，這個世界瞬息萬變，過去所學的東西，很有可能在幾年後就派不上用場，林省三也常鼓勵博士班的學生，不能拿到博士就此滿足，如不持續研究，博「士」馬上就會變成博「土」，惟有持續不斷學習新知，才能將所學的知識活用，走在時代的尖端，不會被時代潮流所淘汰。如林省三自己也非常喜歡閱讀，每次出差第一件事就是到書店買書，透過閱讀，才能吸收新知，保持創新精神。

三是團隊精神。林省三強調，用一隻手指頭無法將一個茶杯拿起來，若用五隻手指頭就很容易，這就是團隊的力量。公司如同一部龐大的機器，大家都是這部機器中的齒輪，若一個齒輪故障，整座機械就無法運作，所以每一個單位都要合作，不要堅持己見或分派系，不能因為來自那個學校，或是屬於那個單位，就自成一派，在長榮只能有一個派系，就是「長榮派」。

四是使命感。因為臺灣是四面環海的島嶼，民生或產業基本物資，如石油、煤炭、小麥、玉米都需要仰賴海運進口。相對地，臺灣也必須生產有價值的貨物外銷才能換取外匯，因此對海島型國家而言，海洋運輸就是命脈，因此長榮員工必須對自己從事的工作要有使命感。

五是道德心。林省三覺得這是現代教育中非常大的問題，學校培養出來的學子普遍欠缺道德感，這也是造成社會亂象的主要原因，因此他很強調道德感。林省三認為有些人很努力、認真，但就是不成功，因為上天眷顧也是很重要的，要如何做到上天疼愛，最重要就是具備道德感，對父母孝順、對公司盡忠、多做善事，即使天資不夠聰穎，上天仍會疼惜，相信也會有成功的一天。

進入職場後，長榮員工都必須從基層做起。林省三強調，所有的管理，都必須要瞭解基層的工作，否則升到管理職務時，要如何管理、指導基層員工？林省三舉東京大學畢業生為例，東京大學是日本最高學府，畢業生也是日本公私單位所倚重的菁英，但進入各企業，像是東日本鐵路，就算是東大畢業生，也必須從剪票員工做起，如此才能真正瞭解基層事務。在長榮，如果不懂基層，就別想升官，林省三本身也是從營業部門一步一步做起，才有辦法管理這麼大公司。

員工正式進入長榮工作後，公司也會嚴格進行考核管理，一旦做不好，就會影響升遷，也是如此，才維持長榮的競爭力。也因為員工如此辛苦，所以長榮也會常常舉辦活動，像是籃球比賽、音樂會、舞會、旅遊讓員工身心放鬆，也使他們的生活喜樂取得平衡。像是林省三在週六日也常去打高爾夫球，調劑身心，甚至有過一桿進洞的好成績，但他笑說這都是要陪張總裁去打，而且在球場上，絕對不能打的比老闆好，張總裁打過兩次一桿進洞，林省三只能打過一次。

除了員工的教育外，長榮也很致力於海事教育推廣。臺灣的海事教育，不僅學校不足，學校內的器材也不到位，例如海上運作的引擎，如果只是拿個模型，而不是真正可以運作，對於學生的學習有極大差別。長榮有鑑於此，花費甚多充實臺灣的海事教育，例如在一九七六年起，與淡江大學開始進行建教合作，捐資興建商船會館，於一九七八年四月啟用，也派遣長榮的員工擔任講師，到各大學去講課，林省三也曾到淡江大學授課過。

臺灣海事教育也長期缺乏實習船，學生無法親自在船上實習。長榮也在一九七九年大手筆的改建第一艘海事訓練船「長練輪」（Ever Training），提供學生免費上船實習，並安排老師隨船指導，進行各種課程訓練，一九八四年，張總裁將長榮第一艘新船「長安輪」改裝為現代化的貨櫃實習輪，重新命名為「長信輪」（Ever Trust），免費供學生實習。

長榮多年來取自於社會，為了感恩於社會支持，特別於一九八五年成立一個張榮發基金會，接手原先的獎助學金，特別鼓勵對海事有興趣，但家境清寒的學子。除此之外，長榮也成立了一個長榮海事博物館，讓一般民眾也能瞭解海洋事務，盡到回饋社會的義務。

林省三經常在對新進人員的教育課程，強調必須具備武大特質：挑戰精神、創新精神、團隊合作、使命感與道德心。

林省三在長榮總共待了四十年，從基層步步高升，到長榮集團第二把交椅，他非常感謝張總裁的提拔與照顧，也非常感謝全體員工所給予的支持與幫忙，他在退休歡送會上也特別強調這兩點。他也希望今後的長榮會再接再厲繼續發展下去，成為世界一流的海運公司，不但對國家，也對全球經濟發展有所貢獻。

••••••

1 一九七二年十月，長榮成立「貨櫃發展研究小組」，開始進行市場調查，主要由各地代理商及分公司蒐整資料。一九七三年二月間，由長榮公司主管專程前往美國考察美國地區貨櫃營運實際狀況，見張榮發，《張榮發回憶錄》（台北：遠流，一九九七年），頁一三七－一三八。

2 關於張總裁與丸紅對於長榮該不該發展貨櫃化的爭論，可見張榮發，《張榮發回憶錄》，頁一三二－一三五。與丸紅的發展關係也可見同書頁一五九－一七二。

林省三與張榮發總裁感情深厚，張總裁喜歡吃軟吐司，林省三喜歡吃吐司邊，剛好互補。（本圖翻攝於《長榮月刊》）

張總裁喜歡打高爾夫球，經常與同仁球敘聊公事。

林省三與張總裁合影

2002 年，林省三與張總裁一同搭船考察，張總裁身著船長正裝留影。

2002 年夏天，林省三與張總裁赴日旅遊留下合影。

長榮集團四十週年茶會，林省三與張總裁舉杯向員工致意。

2009 年 4 月與張總裁一起拜會新加坡李光耀（左二）資政。

# 第五章

# 勇任航運界公會
# 擴展臺灣航運

林省三在長榮任職時期，曾參與多個航運相關公會，並擔任理事長。其中，在中華民國輪船商業同業公會全國聯合會（以下簡稱船聯會）擔任理事長期間，正逢兩岸三地之間的航線協議，因此，不論是「境外航運中心」、「兩岸三地航運」以及九七後台港航線的協商談判，林省三都代表臺灣參與其中，這些重要的協商談判，影響後來的兩岸直航，這是林省三參與諸多公會事務中，最難忘之事。

一九八九年，林省三第一次擔任台北市輪船商業同業公會理事長，在眾人支持下高票當選，為了不負眾望，林省三全力以赴。台北市輪船商業同業公會理事長任期為一任三年，可連任一次，林省三順利連任，於一九九五年卸任。因為六年期間，帶領公會成績斐然，於一九九四年時，更上層樓，當選中華民國輪船商業同業公會全國聯合會（以下簡稱船聯會）理事長，是接續第二屆理事長楊環璇後，擔任第三屆船聯會理事長。

林理事長省三 惠存
先生膺任北市輪船公會
第七、八兩屆理事長
爲人謙沖
任事誠篤
歷時六載
功在航運
台北市輪船公會
第八屆全體理監事敬贈
中華民國八十四年五月

1995 年卸任台北市輪船公會兩任理事長後，獲贈紀念獎牌。

林省三在擔任船聯會理事長期間共六年（一九九四至二〇〇〇年），任內完成許多重要事蹟。一是與中華海員總工會簽訂國際航線團體協約，這項協約之前談了長達八年，其間歷經四任交通部長，都協調不成，但是林省三就任船聯會理事長後，不到三個月，一九九四年時就促成勞資和諧，同年十二月八日，林省三與當時的中華海員總工會理事長謝承泉簽訂團體協約。

二是港埠作業民營化。全世界的先進國家，港埠作業都是由民間主導，因為民間才會有效率，因此，政府很早就想要讓港埠作業民營化，但是碼頭工人非常反對，船聯會最後協助政府，完成此一政策。

不過，林省三在公會期間，最重要的成就是，任內正逢兩岸逐步開放，以及一九九七年香港回歸中國的歷史浪潮中，船聯會在其中扮演重要角色，林省三笑稱「運氣比較不好，正值多事之秋，剛好碰到大事」，但也正因為林省三帶領船聯會，兩岸三地航線才能一步步穩健開放。

## ☸推動境外航運中心，為兩岸直航開新頁

一九九五年五月五日，交通部頒布「境外航運中心設置作業辦法」，規定外國船舶轉運「大陸地區與第三地區間」之貨物經核准者，得直接航行「境外航運中心」與大陸各港口間，以「不入境、不通關」方式經營轉運業務。

境外航運中心指的是高雄港，這個構想並不是為了兩岸直航，而是要繁榮高雄港，能夠轉運鄰近高雄的廈門經濟特區貨源。廈門在一九七九年成立經濟特區後，經濟快速起飛，但不論是廈門，或是鄰近的福州，其港口都尚未建設完全，大船無法停泊，需要透過香港、釜山轉運，但轉運費很高，臺灣希望以高雄港取代這些港口，以較便宜的費用做為轉運港。但在兩岸未直航前，臺灣單方面將高雄劃設為境外地區，與廈門、福州直接通航，此想法

並沒有跟中國大陸的輪船公司溝通，對岸政府也不買單，使得境外航運中心開航後，卻苦等無船。

在當時，兩岸之間沒有官方的溝通管道，因此交通部在規劃境外航運中心時，希望由船聯會與對岸的輪船公司進行民間的協商。當時交通部由次長毛治國主導此業務，林省三經常在早上六點半到毛治國辦公室，跟他一起共進早餐，一邊討論如何處理。

五月十五日，船聯會於台北主辦「第四屆亞洲船東年會」（4th Asian Shipping Forum），邀請來自東協、澳洲、中國大陸、香港等十一個亞洲地區船東代表出席。此次會議上，身為東道主的船聯會理事長林省三發揮溝通長才，把握機會，與中國大陸的船東討論境外航運中心問題。

六月三日，船聯會理事長林省三率領陽明海運、長榮海運、立榮海運、中國航運、萬海航運、建恆海運、永隆海運等七家航商代表在香港與中國「海峽兩岸航運交流協會」（簡稱海航會）理事長孟廣鉅交換意見，雙方針對「境外航運中心」進行討論，雖未立即達成共識，但孟廣鉅表示將向中國交通部建議盡快受理之業務，這也跨出兩岸海運溝通的第一步。

船聯會對於境外航運中心的好處也做了詳細分析，他們計算了廈門、福州利用駁船（Feeder）運到釜山等大港的成本，對照來到高雄的成本，強力遊說中國大陸的船東，船東們都表示很有興趣，但兩岸的直航要由上層放行才可以，為此林省三也曾前往中國交通部向部長、副部長爭取，並獲得正面回應。

一九九六年一月，船聯會與海航會在香港再度會晤，此行海航會也說明中國大陸即將公佈之「臺灣海峽兩岸間航運管理辦法」內容，雖非專門針對

「境外航運中心」所訂，但已涵蓋「境外航運中心」的作業，也代表兩會溝通的成效。八月二十日，中國交通部正式公布「臺灣海峽兩岸間航運管理辦法」及「兩岸貨物運輸代理業管理辦法」，接下來就看要如何落實。

在林省三為「境外航運中心」奔走時，常與中國大陸的同業討論，如與位於北京的「中國船東協會」見面時，雙方交換名片覺得非常尷尬，因為林省三的職稱是「中華民國輪船商業同業公會全國聯合會理事長」，對方也是「中華人民共和國船東協會」，兩方對於收下名片都有難處。

為了解決這個問題，船聯會在一九九六年三月召開的理監事會議中進行討論，理監事們都同意，對於未來兩岸通航的事項，應該有個對口單位先與海航會進行協商，以免造成混亂，因此決定成立「臺灣海峽兩岸航運協會」（以下簡稱台航會），由船聯會全體常務理監事十二人擔任發起人，並於四月九日召開第一屆董事會議，推舉船聯會理事長林省三擔任首屆董事長，並在八月十九日正式掛牌成立。

台航會成立會碰到的第一件事就是如何落實境外航運中心，由於兩岸的紛紛擾擾，直到一九九七年一月二十二日，台航會與海航會才在香港的上海實業大樓會議室展開首次會談，雙方分別由台航會董事長林省三與海航會理事長孟廣鉅領軍，達成多項共識，最主要是境外航運中心（高雄）及福州、廈門兩港開航的事務性及技術性細節交換意見並簽訂會談紀要。也確立境外航運中心的開航。其中最重要兩岸來往的船隻該如何認定，確立由台航會與海航會兩協會查證、認證即可互相通航。

經過將近兩年的努力，一九九七年四月，臺灣的陽明、立榮、中國航運、南泰、萬海、建恆及大陸各六家輪船公司獲得雙方核准經營境外航運，也就是由兩岸在國外註冊的「權宜輪」行駛福州、廈門與高雄港航線。

一九九七年四月十九日凌晨三點五十八分，廈門輪船公司「盛達輪」緩緩駛出廈門港，於晚間八時四十五分抵達高雄港第二港口，九時二十分停泊高雄港七十六號碼頭，成為兩岸四十九年來第一艘直航的船舶。臺灣首航船舶則是立榮海運公司的貨櫃輪「立順輪」，載運400TEU空櫃於四月二十四日下午四時由高雄港啟航，二十五日凌晨抵達廈門港，這也是踏出兩岸航運歷史性的第一步。

## ☸香港九七後，台港航線的協商

一九九七年還有一件大事，就是原本為英國殖民地的香港要在七月一日回歸中國，原本懸掛英國國旗的香港船隻，將要改掛五星旗，難以進入臺灣港口，而原來懸掛青天白日滿地紅國旗的臺灣船隻，也將無法進入香港。這個問題如無法解決，會造成台港斷航，影響雙方貿易，尤其兩岸貨物當時多半經由香港轉口，如不解決此問題，將會非常嚴重。

兩岸對此的談判，一直到五月二日才由香港船東會與臺灣的海基會在香港進行談判，雙方的主談代表是臺灣海基會副秘書長張良任，以及香港船東會主席趙世光，林省三當時是海基會的董事，也是海基會中對航運最熟悉者，自然成為此行臺灣最重要的成員之一。

林省三與香港主談代表，香港船東會主席趙世光非常熟悉，經常在一起開會，打球，因此林省三在會前先跟趙世光溝通，趙世光就表示這沒什麼問題，頂多就是不掛旗，因此一開始對於談判非常樂觀。

張良任在談判時，以「縮小議題、集中焦點、速談速決、求取共識」做為談判策略，其中「縮小議題、集中焦點」就是要將焦點集中在旗幟問題，其他不多談，兩方也確實對此爭議最多。[1]臺灣在會前沙盤推演時，曾想過用其他旗幟代替，如我方採用白底藍浪、香港採用白底紅浪，但這違反國際法，所以此路不通。也曾討論是否不掛旗，但依據國際法，這等於棄船，在航行途中，第三方可輕易占領該船，同樣也無法執行。協商過程中，趙世光的態度與先前有所改變，表示一定要掛國旗，林省三就詢問趙世光當初不是說不掛旗也可以嗎？趙世光就表示當時是以船東的思維，但現在代表政府，就不再是這樣，也使得談判又僵住了。

1998 年 5 月於澳洲參加第七屆亞洲船東論壇（Asian Shipowners Fouram， 簡 稱 ASF) 翌 日， 於 Pine Golf Course 打球，同行者還有許昭義、陳德勝，以及當時中鋼陳坤木。

第一次談判失敗後，雙方在五月二十四日於台北進行第二次談判，最後經過幾次攻防，才達成共識，決定兩方船舶在公海時各自懸掛自己的國旗，但進出對方港口時，臺灣船隻進入香港可不懸旗，香港船隻來台船艉懸掛紫荊花旗。以此於六月十六日簽訂「台港海運商談紀要」，[2] 距離七月一日剩下不到半個月，也差點就造成台港航線斷航。

由於這次的談判非常重要，有大批媒體守候在談判地點的海基會會議室外，參與談判的所有人都無法離開會議室，直到了下午五點多，正逢媒體截稿時間，林省三想要上廁所，一出去就被媒體圍堵，不讓他回會議室，急著詢問他結論。林省三只能表示最後結果要由當時的主談代表海基會副秘書長張良任宣布，他沒有立場發言，但媒體仍不放過將他團團圍住，讓林省三的眼鏡都被擠掉。不過，由於這次談判成功，才使得九七後台港航線能繼續通行，沒有影響到雙方的貿易。

## ☸兩岸三地航運

境外航運中心是以高雄港及廈門、福州兩港為主軸設計，而且只准裝載大陸進出口貨物在高雄港中轉，兩岸貨物不能入境也不能通關。但台商在大陸的貿易據點並非侷限於廈門、福州，境外轉運中心無法嘉惠其他地區的台商，尤其兩岸之間的貿易量越來越大，中國大陸也成為臺灣重要的貿易進出口市場，於是「經第三地航行兩岸」的航線應運而生。

所謂「經第三地航行兩岸」就是指兩岸之間的船舶，在航行兩岸時，彎靠其他國家或地區的港口，兩岸之間也就視為這是從第三地航行過來的船隻，這就是「間接通航」，主要的第三地有日本石垣島、香港、韓國木浦港。

實際上，以往兩岸之間貿易，就多半繞道香港進行。一九九七年一月，臺灣化暗為明，開放外籍船舶（包括兩岸權宜輪）經第三地航行兩岸定期航線。一九九七年五月，大陸也公佈「關於加強臺灣海峽兩岸間接及裝箱班輪運輸管理的通知」，同意臺灣、香港、大陸地區權宜藉船舶及外國籍船舶，可經由第三地經營航行兩岸定期航線業務。

但此方式及境外航運中心在一九九七年實施後，仍存在許多技術上問題。於是中國交通部臺灣事務辦公室，透過海航會，提議與台航會繼境外航運中心後，展開第二度會談。有鑑於前一次會談時被媒體緊迫盯人，因此這次的會談就選在第三地：曼谷進行。

一九九八年二月十一日，當時的台航會董事長林省三、陽明海運董事長陳庭輝、立榮海運董事長駱耀煌及交通部航政司長謝明輝，與大陸海航會理事長孟廣鉅、交通部水運司長胡漢湘等人進行會談，會中除討論境外航運中心成果外，最主要就是「經第三地航行兩岸」航線。

台航會在此次會議中就針對臺灣近遠洋母船掛靠大陸港口，經第三地經營兩岸航運等問題，建議大陸海航會協助促成，對此海航會代表表示，基本上將依「雙向同步、互動互惠」原則處理，這個原則就是指「你來我往，無先無後」，雙方可以平等互惠開展彎靠航線。

根據此次協商，一九九八年六月三十日發佈修正「航政管理機關處理兩岸海運運輸事項作業規定」，同意外國船舶來台營運之落實，而大陸也繼一九九七年七月核准臺灣建恆、萬海從事經第三地航線後，於一九九八年九月份，核准長榮、陽明及南泰所申請的國際幹線母船加靠大陸港口經第三地的兩岸航線。

此方式可說是在直航前的兩岸主要通航方式，但如此彎靠並沒有太大意義，因為在此地並不會載貨或卸貨，反而浪費許多時間與金錢，以日本石垣島為例，船並不進港，僅在港外停一下，由接駁汽艇將蓋好章的證明文件送

2000 年，林省三獲頒中華民國輪船商業同業公會致贈「功在航運」獎牌。

上來，一次就要二十萬日幣，讓石垣島賺進大筆鈔票，而兩岸船隻每一趟繞航，大約需要二萬美金，這增加許多無謂的貿易成本。

因此當第三地航運要取消時，琉球縣政府高層還特別拜訪當時的海基會董事長江丙坤，希望不要改變，也可見此航線帶給石垣島的利益。但航商所多付出的時間成本，也會轉嫁到貨主身上，僅讓停靠港賺取意外之財，因此航商及貨主均紛紛反應，希望能早日達成兩岸三通。

在兩岸航運的開通過程，以臺灣航商為主的台航會發揮了極大功能，與中國大陸的海航會共同促成了境外航運中心及經第三地航行兩岸航線。在一九九八年的曼谷會談後，兩會原本敲定在一九九九年初進行第三次會談，但因政治氣氛問題擱置，就不再舉行，但林省三帶領的台航會，還是希望早日推動兩岸直航。

## ☸ 兩岸直航的達成

二〇〇〇年總統大選，首度政黨輪替，由於當選的陳水扁總統曾於競選時提出「兩岸直航」的政見，因此台航會由常務顧問暨長榮集團首席副總裁林省三帶領，會同陽明海運董事長陳庭輝、臺灣航業董事長盧峰海、萬海航運董事長陳朝亨、立榮海運董事長駱耀煌等人，於二〇〇二年四月十五日，前往總統府向陳水扁總統及交通部長林陵三、陸委會主委蔡英文，針對兩岸航運進行討論。

在會議中，林省三率領的航運界人士，提出兩岸航運亟待協商的幾個問題：一、互准設立分支機構自行攬貨簽發提單；二、互免海運所得稅；三、准許直航不再泊靠第三地；四、准許兩岸國輪參加兩岸航運；五、擴大兩岸直航航線並准貨物通關入境。也鑒於兩岸當時因政治因素，官方間協商較難進行，乃建議援協商境外航運及兩岸三地航運，先行委託台航會與海航會進行協商，俟有結論後再由兩會各自陳報政府核准後實施，以尊重政府公權力。

上述建議，雖然陳水扁總統當面表示會研究辦理，但實際上卻無下文。二○○八年三月，林省三也公告建言，希望即將選出的新政府能訂出一套海運政策，他特別提出三項建議：一是航業的稅制改用世界各國正採用的噸位稅制；二是准許臺灣商船航行大陸港口；三是培養更多海員上船服務。其中兩岸直航部分，在二○○八年二次政黨輪替後，終於出現變化。

二○○八年政黨二次輪替後，主管兩岸的海基會在五月二十六日由江丙坤先生接任董事長，停滯許久的兩岸談判又再度熱絡。六月十一日，江丙坤率團前往北京，與海協會會長陳雲林進行首次的「江陳會談」，在此次會談中，完成「週末包機」及「大陸居民赴台旅遊」兩項協議，首波大陸居民亦於七月四日登台。

而此時兩岸經貿往來，也較一九九七年境外航運中心談判時大不相同。隔了十年，在二〇〇七年兩岸貿易一千三百零二億美元，占總貿易額二七．九%；其中對大陸出口一千零四億美元，占總出口額四〇．七%。

也因此，在首次江陳會成功達成協議後，海運界人士對於接下來登場的第二次江陳會寄予厚望，希望兩岸間能夠直航，不要再經由第三地。二〇〇八年十月三十日，海空業界代表共十人透過海基會主委江丙坤安排，由台航會常務顧問林省三率領，前往總統府向總統馬英九遞交陳情書，希望能落實兩岸直航。

航運界除林省三外，尚有船聯會理事長暨長榮海運董事長王龍雄、台航會常務顧問暨前陽明海運董事長陳庭輝、陽明海運董事長盧峰海、萬海航運董事長陳柏廷等人，可說是重要的海運龍頭均出席。林省三強調，兩岸海空直航，其受益者不僅是海空運輸業者而已。兩岸間現階段，因為無法直航，佈局兩岸的經貿廠商，都要面對高成本、低效率的轉運過程，因而削弱了產業的競爭力，直航之後，由於可節省不少時間和成本，可以提高企業的經營績效，這有利於兩岸經貿廠商，進而有助於臺灣的經濟發展，所以最後的受益者乃是臺灣全民。

海運界更提出七大訴求：一、全面開放兩岸直航港口；二、准許兩岸國輪與權宜輪直航兩岸；三、不必刻意控制兩岸運力；四、准許兩岸國輪比照現行台港航線作法，以「互不掛旗」方式掛靠兩岸港口；五、准許兩岸航商互設分支機構、自行攬貨與簽發提單；六、准許兩岸航商直接通匯；七、兩岸簽訂互免海運所得稅協定。

在此企盼下，二〇〇八年十一月四日，在台北舉行的二次江陳會，共達成簽署空運直航、海運直航、郵政合作與食品安全四項協議。其中海運方面的「海峽兩岸海運協議」也多半吻合航運界的訴求，兩岸船舶均可直航，而

2007 年 4 月大陸交通部在北京郡王府進行海峽兩岸航運界座談會。

2007 年 4 月兩岸經貿文化論壇，林省三與彭蔭剛對談。

2008 年 3 月會晤國務院台辦主任鄭立中。

2008 年 7 月至太倉參加中國航海日，與海協會會長陳雲林合照。

2008 年 7 月與陳雲林（圖右）接見航商代表。

2008 年 12 月 15 日林省三於長榮海運立敏輪首航天津典禮剪綵，冠蓋雲集。

2008 年 12 月 15 日長榮海運立敏輪首航天津。

2008 年 12 月 15 日長榮海運立敏輪首航典禮邀請總統馬英九蒞臨。

2010 年 3 月於北京交通部拜會中國交通部副部長徐祖遠。

2008 年 12 月 15 日林省三於長榮海運立敏輪首航天津典禮致詞。

1997 年 10 月時任台航會董事長林省三與海航會理事長孟廣鉅會談。

2009 年 7 月於北京釣魚台賓館，與國台辦主任王毅晚宴。

2010 年 3 月於北京拜訪海協會，拜會陳雲林會長（右二）與李炳才副會長（右一）

2010 年 7 月慶祝中海航線合作框架協議簽約一週年，暨歐洲航線合作簽約儀式。

2010 年 7 月陪同張總裁前往總統府與馬英九總統茶敘。

2011 年 1 月於高雄舉辦海峽兩岸直航兩週年論壇晚宴。

2010 年與當時交通部長劉兆玄餐敘。

臺灣開放十一個港口、大陸開放六十三個港口，雙方也擱置爭議，採用台港航線模式，互不掛旗，兩岸航商也可互設辦事處。[3]

協議達成後，海航會理事長也於十二月二日抵台討論首航事宜，最後敲定十二月十五日首航，當天在高雄及基隆港均有慶祝儀式，在高雄港是由立榮海運的立敏輪由高雄港首航天津，首航典禮就是由林省三與總統馬英九、交通部長毛治國共同剪綵，兩岸直航正式開啟。

基隆港則是由行政院長劉兆玄主持，萬海、陽明、台航及福建華榮四家航商共同舉辦首航儀式，上午十時三十分左右，台航「桃園輪」、陽明「宇明輪」、萬海「明春輪」及福建華榮「康平輪」四艘巨輪，同時鳴起船笛，航向上海、廈門及太倉港。大陸則有六個港口舉行首發儀式，多達十五艘貨輪直航臺灣。其中從天津港出發的中遠集團「大洋洲輪」是當時全球最大的貨櫃船，也在十七日傍晚抵達高雄。[4]

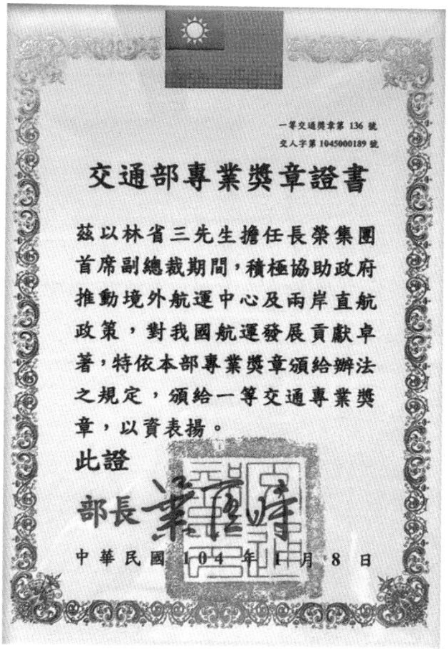

一等交通獎章第 136 號
交人字第 1045000189 號

交通部專業獎章證書

茲以林省三先生擔任長榮集團首席副總裁期間，積極協助政府推動境外航運中心及兩岸直航政策，對我國航運發展貢獻卓著，特依本部專業獎章頒給辦法之規定，頒給一等交通專業獎章，以資表揚。

此證

部長 葉匡時

中華民國 104 年 1 月 8 日

2015 年獲得交通部一等交通專業獎章證書。

2015 年交通部頒發一等勳章。

林省三對於兩岸直航的推動，也獲得海峽兩岸的肯定。林省三退休後，交通部長葉匡時於二〇一五年元月八日，代表政府頒發一等勳章給林省三，特別是對於兩岸直航的貢獻。中國大陸海協會會長陳雲林也親筆致函林省三，讚揚他對於兩岸直航的付出。而推動兩岸直航的這段歷程，也是林省三在公會時期，最值得回憶的一件事。

……

1 方鵬程，《臺灣海基會的故事》（台北：臺灣商務印書館，二〇〇五年），頁三八七—三八八。

2 劉秀珍，〈台港航運協定 兩岸完成換文〉，《經濟日報》，一九九七年六月十七日第三版。

3 〈第二次江陳會談專區〉，《行政院大陸委員會》，http://www.mac.gov.tw/mp.asp?mp=101。

4 本章主要參考資料：王御風，《波瀾壯闊：臺灣貨櫃運輸史》（台北：遠見天下，二〇一六年），頁二六〇—二七六。

## 航運界的建言

台灣是以海洋立國，但卻沒有海洋政策。三十多年前，還有造船低利貸款及免稅的獎勵措施，到現在什麼都沒有。台灣商船只好自求多福，外流到其他條件較好的國家掛旗，以求生存。記得三十年前。掛本國旗的台灣商船還有一千二百萬載重噸，在只剩下五百萬載重噸不到。這些去掛外國旗的台灣商船，估計約有三千萬噸，如果能訂定有效的海運政策，鼓勵它們回來懸掛國旗，那台灣船隊無疑是世界上數一數二的船隊。

台灣既然要以海洋立國，那就不能沒有海運政策，所以我們希望新政府能訂出一套海運政策，其中我們希望能顧到我們最關心的三件事情。

第一件事情是，對航業的稅制，建議改用目前世界各國正在採用的噸位稅制。噸位稅的意思是按船舶的噸位課徵少額稅金，除此之外，不再課徵其他稅項。台灣如果繼續採用現行的稅制，由於稅額較重，台灣的商船就失去競爭力，只好向其他有採用噸位稅制的國家註冊登記改掛他們的旗子。如此，國家失去船隊，也收不到分文稅負，不如改收少額的噸位稅，保住自己的船隊。

第二件事情是，請准許台灣商船航行大陸港口。大陸市場是世界上主要的航運市場，不準台灣商船航行大陸，等於砍斷台灣商船的生存命脈。台灣商船為求生存，也只好改懸外旗，這也是造成台灣商船外流的原因。

現階段，我們建議比照台港航線的成例，暫時以不掛旗方式讓台灣商船航行大陸港口。香港也是中國領域，香港可行，相信大陸其他港口也可行。同時，我們也應該考慮在互惠互利原則下，准許大陸商船以同樣方式航行台灣港口。

台灣港口近年來經營相當艱難，有待更多的商船來靠，以繁榮台灣港口業務，船務代理業也同受其惠。談到台灣的船務代理業，因為政治環境所限，其在台業務逐漸萎縮，也需要發展新的市場。最好，將來能夠過兩岸協商，在互惠互利原則下，讓雙方的船務代理業也能在彼岸經營業務。至於兩岸直航問題，我們建議先取消現行境外航運「不入境，不通關」的規定。再把現行兩岸三地航線，截彎取直，中途不再彎靠第三地，以節省航運及貿易成本。

第三件事情是，請培養更多海員上船服務。目前船公司普遍面臨僱不到本國船員的窘境，不得已僱用外籍船員。但僱用外籍船員也有人數上的限制。航商為避開限制，只好把船設籍在沒有限制的外國，懸掛他們的旗子。這也是造成台灣船隊外流的原因。因此我們建議把培養海員，列為為來海運政策的重要事項，徹底改革目前海事教育及訓練，暨船員考照制度，讓年輕人樂意上船，這樣不但能解決航商缺乏船員問題，也可以增加國民就業機會。

前任全國船聯會理事長、前任台北市船務公會理事長、
現任長榮集團首席副總裁　林省三　敬上
（本文為二〇〇八年三月林省三撰文）

# 第六章 退休生活與回顧

林省三在二〇一四年十二月退休後，過著閱讀與信奉佛教的生活。回顧豐富的一生，有許多的感謝與感想。

林省三在長榮任職期間，經常到日本出差，工作之餘就會往書店跑，買了許多科技、專業、宗教等書籍，但缺乏時間閱讀，家中書櫃都塞滿沒讀過的新書，退休後有了閱讀的時間，因此他的退休生活，大部分都是留在家中看書。

除了看書外，林省三對於宗教的信仰也有所改變。在長榮任職時，因為張總裁信仰一貫道，林省三也跟隨信奉，但在退休後，有次在電視的宗教節目上看到李瑞烈老師講道，李老師主要講述是道教，但也會提及佛教，林省三覺得講述內容很有意思，每天固定收看，也就開始對佛教產生興趣。

後來林省三又在宗教台上看到佛教淨空法師弘法，也結識西藏密宗林雲法師，對於他們所闡述的佛教教義非常感動，開始鑽研佛法，對於釋迦牟尼佛的《金剛經》、《觀世音菩薩心經》、《觀世音菩薩普門品》、《地藏菩薩本願經》等佛教經典都一讀再讀，也成為虔誠的佛教徒。

在信奉佛教前，林省三就認為做人最基本條件是良心，如果用佛家語言來說就是「自性」。人出生後是肉體，再附上一個靈，這就是「自性」，是非常純淨的東西，因為上天怕人長大後走錯路，所以給了每個人良心（也就是自性），希望大家根據良心做人做事，避免做壞事。

但人長大後，往往看見社會亂象，就跟著去學做壞事，原本乾淨的良心，被七情六慾的「灰塵」包圍，慢慢不能發揮功能。良心像是廚房內的電燈，本來是如一百瓦般明亮，碰到如油煙的「灰塵」，就開始慢慢黯淡，從一百瓦，變成六十瓦、四十瓦，最後甚至看不到，就會開始弄錯事情，原本炒菜要加糖，因為看不清楚，反而加了鹽，就會讓這盤菜完全無法下嚥。

也因此，林省三常勸大家「憑良心做事」，社會才會乾淨。他舉例說不光是人，連植物都是如此，像是植物園內的蓮花，雖然池塘中泥巴如此骯髒，但蓮花依舊可以出污泥而不染，如此潔白，植物可以，人理應也可以。同樣道理，就算是社會風氣敗壞，但只要憑著自己良心做事，還是可以做好事。

這也是林省三的個性，他做事非常率直，憑良心做事，不做彎彎曲曲的事。像他最喜歡開車在北海岸的筆直道路，很符合他的性格，如果開在彎彎曲曲的山路，就覺得渾身不舒服。林省三認為做事只要憑良心，吃虧一點沒關係，日後會有因果，他在長榮的新生訓練時，也常告訴學員，或許會有人羨慕張總裁地位崇高，而自己卻常遇到困境，這就是因果的不同，張總裁前世種下善因，這世就收到善果，但每個人還都有機會，從現在起憑良心做善事，種下很多善因，來世就會超越張總裁。

篤信佛教的林省三，於家中佛壇奉座佛祖圖像，日夜上香參拜。

任職長榮期間，林省三曾跟隨張總裁信仰一貫道，兩人於2006年時，曾一同走訪杭州靈隱寺。

林省三結識西藏密宗林雲法師，開始鑽研佛法。

## ☸回顧海運生涯，充滿感恩與感謝

從台灣省政府交通處到長榮，林省三一生的事業都與海運有關，回顧以往，他特別提出兩點感想：

首先是非常欽佩張總裁的慧眼及遠見，第一個看出雜貨運輸要貨櫃化，當時台灣的雜貨船公司都不相信，甚至認為張總裁瘋了，但這些雜貨船公司現在幾乎都關門，只剩下長榮、陽明、萬海等願意轉型，跟著時代走的公司。

林省三回憶，當時他在交通部時，也曾勸說經營高雄、香港航線的十家雜貨船業者，聯合起來組織成立貨櫃船公司，這樣才能跟上潮流，但可惜的是，沒有一家願意轉型，所以現在也都不存在了。

另一點讓林省三感觸甚多的是國輪外流。目前台灣船隻掛著青天白日滿地紅國旗者越來越少，大部分都是掛巴拿馬、新加坡等地的國旗，這主要是因為巴拿馬等地有獎勵航運的政策，如果在該國登記，與台灣相比，稅賦相差甚多，水往低處流，台灣船隻改掛外國旗也是非常自然，但這是台灣的損失。

關於這件事，林省三曾與財政單位談過，但財政單位一聽到與減稅相關就不願多談，但如此願意掛上國旗的台灣船隻自然不多。實際上，台灣的船隻非常多，如果政策調整，讓大家都願意掛上國旗，四處都會看到台灣的國旗，一如英國全盛時期，全世界都會看到米字旗一般，這是發揚國威的好機會，但是台灣錯過了，這也與台灣沒有整套的海運政策有關，這是林省三覺得非常遺憾之事。

## 感恩與感謝

回顧一生，林省三表示在人生路上有好幾個影響他深遠的貴人，首先是任職台灣省政府交通處時的第三科謝海泉科長，對於剛進入公職的林省三特別照顧，不僅將他升為股長，還教導他許多事情。第二位是近海輪船聯營處的胡琦主任，是他推薦林省三到交通部擔任科長，讓他能從省政府交通處升任至交通部。第三位是林省三在交通部任職後的交通部次長朱登皐，他不僅曾考慮要升任林省三為副司長，當林省三要轉職到長榮時，也給了許多寶貴意見，而在長榮要開闢歐洲航線時，也曾大力協助，讓林省三非常感謝。

而最大的貴人則是長榮的張總裁，可說是林省三人生的導師。張總裁邀請林省三到長榮，一步一步提拔他升任至首席副總裁，讓林省三在生活及經濟環境充分獲得改善，可以過著較舒適的生活，讓林省三非常感恩。

林省三也對許多人表達感謝之意，首先是林省三的父母，從小到大都有賴於他們的教導，就算是家中經濟環境不好的時刻，也含辛茹苦，努力把他養育成人，所以當林省三在經濟上比較寬裕後，就在台中重修父母的墓地，修築了林家墓園，安置父母及祖父母的靈位，百善孝為先，也以此報答父母。

林省三也要對工作時的長官及同事表示感謝之意，首先是交通部航政司時的司長陳紹煥先生，陳司長對於林省三照顧有加。另外，對於在長榮時期長期協助林省三的兩位秘書，也特別感謝。一位是與林省三共同工作十年的謝汶玲秘書，常常為了第二天的演講，需要等待林省三寫好演講稿再清稿，往往要到晚上十二點才能回家，非常辛苦。另一位陳書屏秘書，也在工作崗位上陪伴了林省三九年，與林省三同甘苦樂，甚至在兩人退休後，陳秘書還是會協助很多事務，林省三也對此非常感動。

除了長榮時期的秘書，在林省三擔任船聯會理事長時，從年輕時就進入船聯會工作的財務組黃素櫻組長，對於船聯會相當熟悉，也對林省三有相當大的協助，林省三也對她非常感謝。

另一位在船聯會協助林省三甚多的是秘書長許洪烈，以往船聯會的秘書長都是由國民黨指派，對航運工作並不瞭解，林省三上任後，就邀請原來在長榮擔任協理的許洪烈擔任秘書長，由於他在船務方面非常專業，對於林省三有許多幫助，林省三也是充滿感謝。

在林省三的人生道路上，因為上述眾人的照顧、提攜、協助，才能讓他的一生平安順利，回顧一生，對於諸位貴人，林省三充滿感恩與無盡的感謝。

林省三為人謙虛客氣，原先朋友勸他出書寫回憶錄，但他推辭說他不是大人物，不足以道而婉拒，經過熱心朋友一再勸說而盛情難卻，終於同意以接受訪談方式說明他的人生事蹟，訪談十次才告完成，訪談期間他也很合作，提供了很多寶貴的資料及照片，讓訪談人得以順利的完成工作，他也對訪談人及陪伴人的辛勞表示感謝之意。

與林省三共同工作十年的秘書謝汶玲。

擔任林省三秘書九年的陳書屏，在兩人退休後，仍協助很多事物。

2023 年 9 月林省三於全國船聯會接受交通部航港局錄影訪談時與資深組長黃素櫻合照。

退休後，林省三常與老同事聚餐。（由左而右為：黃素櫻、李秀桃、張耀婷、媳婦劉栗禎、陳書屏）

## 退休後，最愛回故鄉吃美食

林省三有著一雙琥珀色的眼睛，皮膚白皙透紅，五官輪廓明顯，加上一頭銀髮，遠遠看去很像是「西洋人」，所以他每次出國時，所有人都把他當成是西方人，開口就跟他說英文，甚至坐飛機時，國內班機的空姐也是對著他說英文，但林省三是道地的台中人，家族中也沒有任何外來族群血統，他也不知為何長相會如此，這也讓他覺得有趣。

雖然外表看來像洋人，但林省三最喜愛的還是道地台灣小吃，尤其是故鄉清水的小吃。林省三並不喜歡上飯店，他認為在飯店吃飯是一種工作，用來交際應酬，只有在路邊攤、小店面享用小吃，才是真正的美食。

林省三喜歡在各地尋找知名小吃，深入巷口的小店，甚至是路邊的小攤，這些地方沒有華麗的裝潢，也少了生意場的喧鬧，卻多了份自在享受的安靜，也特別能感受口中的美食。

但身為長榮集團的副總裁，到路邊攤吃飯則是項大工程，得要先「變裝」，免得被人認出來，才能盡情享受美食。林省三每次要到小吃攤前，先要脫下西裝，換上輕鬆的夾克，再戴上帽子，連臉上的眼鏡也要換成深色鏡片，同時要將平時乘坐的豪華黑頭車停的老遠，再走路過去，有時甚至搭乘計程車前往，如此大費周章，才能真正輕鬆的享用美食。

在眾多小吃中，林省三最喜歡故鄉清水的米糕與肉圓，其中也包含他的滿滿回憶。他從大連回到台灣時，正是食慾旺盛的高中生，看到美味的肉圓，但因為家中經濟狀況不佳，只能看著肉圓流口水，有一次他發現肉圓的醬料需要購買辣椒製作，於是他開口向老闆建議，能不能利用家中院子種辣椒來換肉圓，老闆表示同意，於是林省三在家中院子種了五顆辣椒，剛開始一碗辣椒可以換一顆肉圓，後來和老闆變成好朋友，一碗辣椒可以換兩顆肉圓。這個故鄉的美味，一直讓林省三念念不忘，甚至常常花了上千元的油錢，從台北開車回清水，只為了品嚐不到一百元的肉圓與米糕。每年回家祭祖掃墓，也都會特地繞到清水，除了當場享用，還要帶回台北分送給大家。

附錄

# 林省三的精彩文章

附錄 1

# 月世界登陸記

誰說那裡是一片沙漠，滴水無有；甘泉美酒，滿地都是。
誰說那裡是乾燥無味，毫無溫暖；飛來香吻，夠你銷魂。

當過二十多年公務員的我，在「公務員不得涉足聲色場所」的禁令之下，只聞有「月世界大酒家」而不得進入其門，只有望「月」興嘆，自悲此事薄命。

四年前命運轉變，拋開烏紗帽而進入了商業，大有資格進出歡場，於是，實現了登陸月世界的太空計劃。

私道前輩教我在登陸之前，先吃一碗麵，以免空腹下黃湯，在月球表面失去重心而傾倒。照做之後，即踰月世界大門，踏上了歷史性的一步——「這對人類來說是一小步，對我來說是一大步」。

月世界的嫦娥和地球上的女人相差不多，只是地球上的女人有「老太婆」、「太太」、「小姐」及「女孩」等各種類型，而月世界只有「小姐」一類型。她們的皮膚似乎很厚，因為在月世界極冷氣溫之下，她們仍然穿得很少而不覺得寒冷。她們屬於哺乳動物，學名及原產地均不詳，喜吃纖維質食物——鈔票。

月世界的嫦娥有兩次「盛產期」。第一次是在地球訪客剛到時，照單點名，紛紛報到，此時春到花開，呈現滿堂紅的景象，但是好景不常，開宴不久，就一一藉故開溜，而進入低潮。第二次是算帳時，一聲「勘定」（音Kanjo，日語，算帳之意），不知從哪裡繁殖出那麼多嫦娥，紛紛飛來，一時陰盛陽衰，蔚為奇觀。

有很多人體質不能適應月世界上的水質，那裡的水略帶黃色及苦味。喝多了會昏頭昏腦，甚至會失去知覺，不省人事。它雖不至於有生命危險，但會使人失去理智於一時而大叫大鬧，或唱歌不停。

孔夫子說，「四十而不惑」，但月世界的訪客大都已屆不惑之年，還是那麼糊裡糊塗。大家把一切煩惱暫時忘掉，盡情地共度良宵。有些人找到了老相好，在那角落裡談得你儂我儂，遊歷忘我之境；有些人喝了幾杯就在哪裡追趕、跑、跳、碰，而大鬧不已；有些人猜拳競喝，你一杯，我一杯，不知止境，最後不是兩敗俱傷，就是同歸於盡，被人抬回家，交由太座具領管教。

阿姆斯壯說，他留了一面美國國旗在月球上，我遍找不著，卻找到了一塊名牌，名為「優良小姐」，上列：白英、燕妮、安琪、凱莉、英英等芳名，聽說是賣座好的小姐。至此恍然大悟，原來在地球上不喝酒、不懂交際的那些賢妻良母型的婦女，在月球上算是不優良。

美國太空總署發表過太陽神計畫所需經費，確實數目多少，已記憶不清，只記得其數目相當龐大。月世界之行，由我簽下帳單，不知已有幾冊，每次都為數目之大而心驚肉跳，什麼「花代」、「小彩」之類的，在會計學上從未看到的新名詞，要我簽字認帳，實在拿起筆來有氣無力，欲簽又罷，再思一下，反正賴帳不得也，為了回航地球，只好照簽。

業務上的應酬（對太座的解釋），使我奔走於地球與月世界之間，已有若干年的經歷，和那些嫦娥們也建立了「深交」和濃厚的「感情」。但我們畢竟是生活在地球的人類，月世界總不是我們長期居住的地方。太座的怒吼聲引發了回航的火箭：

再見吧！月世界的嫦娥們，有空來玩。
再見吧！地球的人類們，有錢再來。

（原文刊載於《長榮海運季刊》（第六期）長榮十週年紀念特刊，
民國六十七年九月一日）

附錄2

# 我的自傳

「野馬」先生真害狗（人），在《長榮海運雜誌（季刊）第六期上發表了一文什麼「月世界登陸記」，這一下同屬「野」字號的我遭了殃。編輯小姐硬指我是「牠」的同黨，也要我寫文章。我說我這個「野」不是那個「野」，她也不聽；我說我喜歡的是咬骨頭，不是寫文章，她也不管。只好蓋成一文，題為「我的自傳」，繳卷了事。

其實我的身世很簡單。我是一條公野狗，父不詳，母不詳。教育程度：「不」。因為沒人養，連名字都沒有。至於籍貫、年齡之類更不要談，長年流浪在街頭，早把那些忘得一乾二淨。談到配偶我最高興，也最有精神；滿街母狗都算是我的另一半。

我沒學問，但有修養，我絕不會去亂翻人家的垃圾箱。我經常上一流的餐廳或酒家——不是從前門進去而是在後門等。那些醉翁之意不在酒，更不在菜的豪客們，常把一盤盤的名餚動都不動，就往我這邊倒，把我養得又肥又白。談到吃飯，千萬不要到長榮海運公司的餐廳去，那裡的職員很年輕，吃起飯來像餓鬼，哪有剩飯可以供我餵。飯後我通常要小睡，懶洋洋地躺在街頭，享受日光浴，若非母狗經過，我絕不起床。

我最怕的是市政府的野犬捕殺隊，他們沒有眼光，不分青紅皂白，捕到就殺。我雖然沒人養，但相信是純種的。你看我搖尾巴，搖得多麼斯文，多麼優雅，多麼高尚；那就是純種的證明，怎麼可以隨便格殺勿論。何況我沒有投入「人獸（壽）保險」，不能就此嗚呼哀哉，看到他們就把尾巴捲入股間拚命地跑。我也怕在冬天見到廣東佬。他們看到了我總是那樣品頭論足，像是一個色情狂。此時，我心裡就聯想到在那倒掛塑膠製水桶上面寫著「香肉」的小攤。我雖然視死如歸，但寧可玉碎不能剖解（瓦解），總不能被分屍而上鍋。三十六計，溜為上策。

不要看不起我這條野狗，我就是不洗澡令人討厭外，其他和家狗沒有什麼不同。難道家狗吃飯用筷子，睡覺蓋棉被？反過來說，家狗所享受的自由沒有我這麼多，我不必看家，我不必繳稅，不必到丹麥就可享受性開放的世界。

蓋到這裡、回頭一看，文章已經不短，但內容狼藉，且帶黃色，真是狗屎，我向來喜歡短文章、短演講、短女裙。就此擱筆，再見吧！汪汪！

（原文刊載於《長榮海運月刊》，民國六十八年六月號。）

附錄3

# 天南地北話中東

今年年初我和楊伯珍、蔡棋城兩人奉命前往東地中海沿岸各港口考察及調查；於二月十四日出發，三月十三日返國，共歷二十八天。期間遭遇到許多苦樂，啼笑皆非，甚至不可思議的事情，特就記憶所及，提出數事，以饗讀者。

## 被困於曼谷機場

二月十四日由台北經香港抵達曼谷，已是下午六時，轉往約旦安曼的班機須等到翌日上午三時半才有，被迫留在曼谷機場過境室達九小時又三十分之久。

當地氣溫高達攝氏三十度，晚間餐廳休息，又無飲料的供應，只好「乾」等，把長沙發椅子充作床鋪，〇〇七手提箱充作枕頭，和蚊子苦鬥一夜，好不容易才上了飛機。

## 班機上的接待

從曼谷搭上了飛往約旦安曼的班機，座位並未對號，搶先登機找個好位子，看到安全門邊有一排座位特別寬敞，趕緊佔領，但人還沒有坐定，即被空中小姐趕走，說是「保留座」。

飛機一起飛，空中小姐開始遞送食物，用畢收回餐盤，到此空中小姐的工作似已全部完畢，即到「保留座」，每人佔用三張座椅，躺下並蓋上毯子，即呼呼大睡，旅客有事招呼空中小姐，但無人理會，有一旅客不懂如何關電燈，想叫空中小姐幫忙，也沒人理，我只好站起來替他服務，花錢買票上飛機，不知誰接待誰。

## 開始了流浪

到了約旦安曼，經代理行的努力，訂到了當地最好的旅社 Intercontinental Hotel，不錯，是個好旅社，但好景不常，兩天後，美國國務卿范錫先生來訪約旦，也住上了這一家，旅社櫃檯遂片面地下了逐客令，要我們搬到較差的房間，以騰出好房間給范錫先生一行，我們只好照辦，從六樓搬到四樓。不但如此，自從范錫先生住上這一家，旅社大門及周圍的警戒突然嚴格起來，一般旅客出入都要經過安全人員的搜身，我們不勝其擾，決定搬家。

搬到另外一家二流（在台灣應算三流）的旅社，放好行李外出用餐。回來一看，我的天！皮箱衣服盡是水漬，原來上層的房間水管破裂，流水滴到我的房間，只好再度搬家，再覓棲身之所，訪問第一個國家就如此開始流浪生活。

## 戰禍下的黎巴嫩

由安曼飛到黎巴嫩的貝魯特，飛機上的旅客寥寥無幾，行李總共只有五件，我們三人就佔了其中的四件。但由貝魯特出境的就不同，逃命潮仍然澎湃，機場出境室人山人海，爭先恐後地買機票，我們原先想到塞普路斯島去，一早就到機場排隊買票，等到中午還是落空，只好改買飛往希臘雅典的機票，才好不容易地離開了貝魯特。

黎巴嫩全境還在阿拉伯和平軍控制之下，全國到處密佈崗哨，手持機槍檢查行李，尤其貝魯特市區到處彈痕累累，著名的 Hilton Hotel、Holiday Inn 等，均為砲火所毀，黯然矗立於廢墟中，戰火下的黎巴嫩，真是恐怖，三十六計走為上策，我們僅住一夜就溜之大吉。

敘利亞是一個社會主義國家，對我國的態度向不友善，要想申請它的入境簽證，簡直是與虎謀皮，談何容易。

我駐約旦大使館及代理行人員都勸告我們不要從大馬士革進去，否則必遭打回票，建議我們從黎巴嫩與敘利亞的沿海邊境進去，因為那裡的敘利亞移民官員水準較低，不懂英文，處理事情比較馬虎。於是我們從貝魯特僱一輛計程車長驅到那裡，果然不錯，當地的移民官員連護照上所記載的出生年月日也不會讀，向我們所帶的阿拉伯與議員詢問幾句後，即蓋上入境簽章，如此，混進了敘利亞。

我們的希臘入境簽證，在第一次進入雅典時，即已用掉，後來前往賽普路斯再返回雅典，已無簽證可用，於是，在雅典機場臨時申請，移民當局也答允給我們 Landing Permit，但必須要把護照留在移民局，待我們離開希臘時，再發還給我們。

但我們重返雅典的目的在於雅典申請土耳其的入境簽證，沒有護照能申請土耳其入境簽證？代理行負責人 Mr.S.E. Carlsson，此公為人還好，但脾氣稍大，竟為此事與移民官員爭吵起來，移民官員也不示弱，冒火千丈，立刻收回已經拿在我們手裡的 Landing Permit，當場把它撕破，表示不再給我們入境簽證，大有驅逐出境之勢，弄得我們尷尬萬分，於是，我請 Mr. Carlsson 暫離現場，在外等候，蔡棋城兄則在海關看守行李，我和楊伯珍兄則留在移民局辦公室，好言解釋，因 Mr. Carlsson 已不在現場，在無「火種」情況之下，移民官員火氣漸下，一小時後，終於改發正式入境簽證，並發還護照給我們，一場風波終將於平息。

## 埃及簽證

說到簽證，就想起埃及簽證。本來，我們在希臘雅典時，即向當地埃及大使館申請入境簽證，大使館不說理由，即予拒絕，不得已改在利比亞重新申請，利比亞的埃及大使館一口氣答允，而且當天就給我們一個月期的簽證，同屬埃及駐外使館，想法和做法，完全不同，實令人驚訝。

我們獲准埃及入境簽證，如得至寶，以為萬無一失，得意洋洋地進入埃及，不料，真出於意外，開羅機場的移民官員竟不承認在利比亞的埃及大使館給我們的簽證，說他們無權發給簽證，要我們在機場重辦申請手續，於是在那裡排隊一小時，終於得到為期一星期的入境簽證，獲准進入埃及，如此出爾反爾，真是不可思議。

住過台北的我們總覺得台北的交通不理想，但一到埃及，看到開羅市街的交通，又覺得台北的交通「先進」得多，一條街道既要行駛電車、汽車，又要行駛馬車、駱駝，滿街馬糞任由騎車輾過而發出奇臭，清道夫一早就把它掃成一堆，放火一把，就地解決，煙霧所到之處其味難聞無比。

電車，巴士車門外，有人攀著，那不是奇景，更絕者在快速行駛的火車車頂上也有人坐著，享受著免費的運輸，鐵路局不管，警察也不管，大家司空見慣，只有我們在大驚小怪，替他們乾著急。

在埃及隨時隨地都有人向你伸手要錢，旅客必須準備很多零錢，以打發他們，不然真是寸步難行。汽車一停就有人招呼「指揮」，「指示」你的停車地方，停妥即向你伸手要錢，接著而來的是一批小孩，每人手裡拿著一塊小布，隨便擦一擦你的車子，就伸手要你賞他幾個錢，觀光勝地那更用不著說。

印象中的埃及人，似乎缺乏責任心，我們回程向航空公司購買「開羅／曼谷／香港」的機票，櫃檯小姐把 Hong Kong 寫錯 Hongkok，我們請她更改，她竟說：「誰看得懂是 Hong Kong 之意，小錯誤不必更改」，若非我們大聲叱吒，她還真的不改。

此次訪問埃及，碰上了阿拉伯、非洲各國首長正在開羅開會，所有一流、二流的旅社都被他們「佔領」，無旅社可住。日商丸紅開羅事務所也打電話到利比亞建議我們暫緩埃及之行，我們沒聽他們的勸告，貿然進去，鑄成大錯。

我們帶著笨重的行李挨戶打聽有無房間，時至深夜，才找到一家三流旅社，我分配到的房間無水供應，抽水馬桶沒有水怎麼得了，懇求旅社換一個房間，終於換到了一個有水供應的小房間，但真是壞運氣，這個房間的水管破裂，清水和污水混在一起，流出來的水有大便味道，但是滿身臭汗，洗澡後換來的要是那種味道，豈可水洗？不得已之下，改用乾洗，每天用毛巾猛擦身體，擦得臉紅像關公，身紅像龍蝦；身體到處皮破血流，這種日子竟達四日之久。

阿拉伯人的標準餐食叫做 Oriental Food，用小盤盛著幾種不同味道，像糨糊似的佐料，麵包抓一塊就沾著佐料放進肚子裡，其他上桌的還有生菜、烤肉之類，味道之怪，不可言喻。

Oriental Food 對便秘症有奇效，吃了包你會拉肚子，沿途各地的代理行都請我們吃這種餐食，不吃則有負於他們的盛情雅意，吃了則實在問題太多，我上次赴美一個月帶了一瓶止瀉藥「暮帝納斯」，用不到三分之一，此次在一週之內即用掉了三分之二，後來決定小拉不再吃藥，大拉才吃藥。好不容易挨過二十八天，回憶當時的情況，迄今尚有餘悸。

（原文刊載於《長榮海運季刊》創刊號，民國六十六年六月）

附錄 4

# 北極熊南竄記

去年年底蘇俄派軍侵入阿富汗，正如北極熊狡獪行動——無聲、突然、殘忍、冷酷；使我回憶起，三十五年前在東北目擊的光景。本文為目擊記，著重於事實的記述，希望能藉此增加大家對蘇俄的認識，了解它的真面目。

一九四五年——第二世界大戰的最後一年，我住在東北大連市。那時我才中學三年級，在「學徒動員」號招之下，被趨往大連市郊的鐵路工廠做工。那年八月十五日，天氣炎熱，上午十一時三十分，廠方宣布全體停工，大家集合在廣場，傾聽略帶有雜音的廣播，日皇宣布接受波茲坦宣言，無條件向盟國投降。這是歷史性的一刻，令人難忘的一天。

## 越界與佔領

全世界都在歡呼，慶祝和平的來臨，但對我國東北來說，是另一場浩劫的開始。早在日本投降的前一週，蘇俄就片面廢棄所謂「日蘇互不侵犯條約」，大舉越界侵入了我國東北。駐守東北地區的日本關東軍，其精銳部隊早已被抽調支援南洋前線，只剩下空架子，不堪蘇俄機械化部隊的重擊，不出數日即潰不成軍。哈爾濱、長春、瀋陽等主要都市相繼失陷，東北最南端的大連、旅順，亦已在望。

八月二十三日，聽慣了日本「隼式」戰鬥機爆音的大連市民，聽到了另一種異樣的爆音，抬頭一看，漆有紅星的DC—三型運輸機（美製援俄運輸機）結隊飛來，降低高度後，魚貫降落在大連市郊周水子機場。不久，舉著圓形彈匣自動步槍的蘇俄先遣部隊乘坐吉普車（第二次世界大戰時期最普遍使用的小型軍用車輛）開進了大連市內。接著，各種重型車輛及戰車等亦紛紛開進，分別佔領了各機關學校及交通要衝。向來和平的大連市，頓時陷入恐怖和不安的漩渦裡。

## 疑心、搶劫、掠奪與暴行

蘇俄之南侵我國東北，無異是趁火打劫，利用日本已無抵抗力的最後一週，趕上參戰，美名為並肩作戰，其實意在插手分贓，搶奪我國東北資產。儘管如此，甚多中國人把蘇俄部隊視為「盟軍」，上街揮旗表示「歡迎」者大有人在。但對初入亞洲的俄兵來說，他們不能識別「盟友的中國人」和「敵對的日本人」（按當時的遼東半島為日本殖民地，有上百萬的日本人居住），但到黃種人一概視為「敵性」。猜疑與不信為北極熊的特性，歡迎不成卻送命的故事常有所聞。於是，標幟為「盟友的中國人」，成為當時居住於大連市中國人的首要工作。門口貼上中華民國國旗及蘇聯國旗，表示此戶住家為對蘇俄友善的中國人。出門穿旗袍棉襖，表示此人為中國人。此風一時頗為盛行，我家被迫當也不例外。

北極熊開始獵食了。亞馬諾夫將軍（進駐於旅大地區的蘇軍司令官，其姓名及官銜由貼在街上的布告中得知）統率的蘇俄部隊良莠不齊，下級士兵在市區開始搶劫。他們對蘇俄所缺乏的任何文明產品均感興趣，尤其對手錶，似乎最感興趣，搶了一個，停了就丟掉，再搶一個，停了再丟；當時的手錶要上簧，簧鬆就停，俄兵知識水準甚低，不懂上簧，有時可以看到腕上帶七、八個「備用」手錶的俄兵，成為大連市民的笑柄。

蘇軍十輪大卡車（大部分為美製援俄車輛）也開始忙碌，車上裝備從各地工廠拆下來的大批機器設備，一輛輛地往港口及機場，好裝上他們了輪船飛機，送回蘇俄國內。日本「南滿洲鐵道株式會社」在「滿洲國」投資不少，抗戰勝利之後，這些物資理應歸我國所有，而參戰僅及一週的蘇俄，竟趁我國軍未及前往接收之時，搶先下手掠奪。我家位於前往港口必經之道，每天看到蘇俄搶運大批掠奪物資，初尚不知何事，後來經人指點，才知道他們是在掠奪。

女人，也是俄兵尋找的目標。有一天，有一「男人」敲我家的門，打開一看，竟是我的二姐。她在韓國京城（現在的首爾）女子醫學專科學校就讀，日本投降後，翻山越嶺地逃回大連家中，途中必須經過蘇軍佔領地區，為了逃避俄兵作惡，只好打扮成男人（剪掉頭髮、戴男生帽子，穿男生制服，臉上還要塗上黑煤，打扮成髒垮垮的男人）。大連市內俄兵經常酗酒家暴於婦女的消息，甚至事情發生在白天的街道。女扮男裝，以防「色熊」的襲擊，成為當時東北地區的奇景。

## 報復與回巢

大連市民失望了，更為俄兵的暴行及掠奪行為憤怒了，他們開始反抗和抵制俄兵。他們的反抗和抵制，雖是消極性的作為，但也夠俄兵傷透腦筋。有些市民製造假酒（滲入工業用酒精）專供俄兵飲用，使他們身體健康受到損害。也有人在蜂蜜中放進大蔥（蜜加蔥變成毒性），使他們吃後上吐下瀉。一時俄兵不敢再信任大連市民，常看見有俄兵買酒先叫賣酒人喝幾口，以證明無毒無害的光景。

北極熊終於回巢了，當然是在獵食吃飽之後。他們刮盡了我國東北可移動的資產之後，終於撤兵（詳細撤兵日期已記憶不清）。一九四六年秋天，我也離開了那經北極熊蹂躪的東北大連市。記得那已是黃葉舞秋風的時候，我們一行默默地離開了那裡，只有所乘馬車的輪子在吱吱作響，似在哀悼東北的厄運。

（原文刊載於《長榮海運月刊》（第十九期）民國六十九年九月）

附錄5

# 淺談「良心」

很多人以為母親只有一人，那是指你「肉體」的母親。但很多人都不知道還有一個生你「靈性」的母親，一般叫它為「上天」。「肉體」和「靈性」的結合在一起，你才能構成一個人，開始生活，開始思想，開始行動，這好比是一個電動玩具，沒有附上電池，玩具就不會動。

「上天」很慈悲，怕你長大之後，就入迷途，糟蹋你的人生。於是，給你附上一個純潔無垢形同明鏡的「靈性」，讓你在人生的過程中，好像持著一個燈籠，沿路照耀一切，以便讓你看清是非，識別正邪，讓你走上正道，不入歧途。這個純潔無垢的靈性，就是所謂的「良心」，因為它沒有被污染，所以也有人叫做「赤心」，初生嬰兒叫做「赤子」（日本人叫做「赤ちゃん」）就是這個緣故。

人類生活在這世界，若是能夠繼續保持天賦的良心，一切依良心思考，依良心行為，那麼這個世界一定是一個美麗的世界。既無戰爭，也無災禍，大家和平相處，安居樂業，多麼好啊！但現實的世界並不如此，很多人長大之後，受現世頹風即七情六慾所污染，良心被蒙上一層灰，而天賦的明燈也開始失去原來的亮度，以致無法看清是非而誤入歧途。這好比是廚房裡的電燈泡，長年受廚房裡油煙的覆蓋，而失去原來的亮度，無法看清廚房內物品，以致要拿糖卻拿錯了鹽一樣。

依被污染的良心，思想行為因為不能分明是非，判斷正邪，其結果很多都是錯誤，甚至闖了大禍還不自覺。舉例而言，一個人依純潔的良心，思考木養育的大恩，比然會孝順父母，圖報宏恩。但如果依被污染的良心思考，他不但不孝順不圖報，又時還會傷害她的父母。君不見常有媒體報導，兒子為了詐領父母的保險金，而謀殺自己的父母，或向父母要不到買毒的錢，而殺傷自己父母的消息嗎？

一個人如不依良心行事，就算沒有傷害別人，在事業上，也很難順利成功，因為不依良心行事，就是違背了天理，上天萬不可能伸以援手，即給予所謂的天助。其情節嚴重者，甚至還會遭到上天處罰，即所謂的「天誅」。反之，如依良心行事，就算他的先天條件不足，或能力較差，上天還是會幫助他成功，君不見在這世間，很多看似認真打拼的人，其人生充滿障礙，不能平順，或看似反應遲鈍的人，事業上卻有成就的事例嗎？

在人生過程中，保持純潔的良心，並依良心做事，是一個人成功與否的關鍵所在。既然如此重要，或許有人問我怎樣才能保持純潔良心？我的回答是，要經常擦亮你的良心，不使它污染失光。其最有效的方法是多做善事，立功德。

我在祖先的墓碑上也刻上「祖德無量，惠及子孫，回報為有，行善立德」十六個字，以提醒家族銘記遵行。也許會有人問我，「我沒有錢如何行善？」我的答覆是：行善不一定要錢，舉例而言，路中有塊石頭，你把它移開，以免行人踩到跌倒，這也是善事一樁，只是舉手之勞，並不需要你花錢。又如你坐公共汽車，看到老人家或行動不便的人上車，你立即站起來讓位。美德啊！同樣不用你花錢，而且你所立的功德，和有錢人用錢行善沒有兩樣。

平除時要多做善事，立功德，擦亮良心明燈，分明是非之外，你也要注意不被現世的頹風所感染。要堅持純潔的良心，行人生正道。蓮花池底下都爛泥穢物，蓮花穿過它浮上水面開花，多麼之純白，多麼之美麗！植物猶能保身純潔，何況萬靈之長的人類。

我今年已經七十七歲，人生經驗積下不少，再加上前輩們的一再開示，得到以上的心得。特提出來請大家參考，尚請大家不吝指教！

謝謝。

（原文刊載於《道德月刊》投稿）

附錄 6

# 張總裁其人

張總裁是我的大恩人。早年我在公家服務時，我的內人不幸罹患重病，需要龐大的醫藥費用。當時公務人員待遇菲薄，只夠糊口，而公保只能適用於員工本人，不能適用於家族。在苦惱之際，他及時伸手給我援助，解決我當時燃眉之急。雖然後來藥不罔效，我的內人還是撒手歸天，我也還清了他給我的援助款，但張總裁當時給我的慈悲心與人道義行，我終身難忘，感恩在心。

後來他邀我參加長榮的陣容，我也欣然接受他的好意，從此棄公從商，開啟我的新的人生，在長榮服務期間，我日夜追隨總裁。發現他是一位道德心非常強烈的人，他有佛性與慈悲心，常常教導我們做人做事，不可違背天理。

也許他的堅持天理得到了天助，長榮事業日益發展，今日已成為世界級的大企業，而張總裁本人也成為世界名人，各國都要贈送博士學位給他。至於我本人雖然是一個後知後覺，但長年在他的薰陶之下，也頓悟了一些做人做事的道理。

我非常感謝張總裁對我的培養與扶植。舉一個例子來說，九〇年代台灣的航運界人士希望由長榮來作業界的龍頭。於是，張總裁就授意由我來競選擔任台北市輪船公會暨全國船聯會的理事長。此一人選，當時的交通部長郭南宏先生也同意。不料航運界有一人（姑隱其名）另持別論，建議由張總裁的公子來擔任，郭部長則轉問張總裁的意見。他當時以堅決的口吻答覆郭部長：「如不接受林省三擔任，長榮就不再派任何人擔任」。由於他的堅持，後來我才有機會為台灣的航運界服務，這是他愛護部屬的一列而已。

張總裁年少時代，適值第二次世界大戰。當時物資極端缺乏，大家生活得很辛苦，張總裁也不例外。加上他父親早年過世，一家大小都由母親一人養活帶大。其辛勞可想而知。也許這個緣故，他對母親非常孝順，給她奉養晚年。老太太在世時，公司規模還不大，公司唯有一輛淺綠色的雪朋手排小轎車，張總裁自己捨不得用，都讓老太太先用，常看到由林雪如女士駕駛，接送老太太出門。老太太仙逝後，又在台北縣三峽白雞斥資購地，建築宛如觀光農場的墓園，供其安眠，其孝心實在令人敬佩。

長榮企業奠基之後，現在他的眼光又轉向到另一分野，就是要在台灣創辦重粒子線醫療研究所。也許這是天意，上天安排一個機會，讓他親眼看到重粒子放射對癌症治療的實效。從此，他開始熱衷於拯救向來被視為絕症的癌症治療的生命。其慈悲心的發露，有如菩薩。至於他設立的「張榮發基金會」佔用長榮集團所有大樓中的最大，長年來秉承「取之於社會，用於社會」的理念，積極推動各項文化及慈善事業，其義行實不勝枚舉。

張總裁幾乎是一位完美的人，但他有脾氣。他脾氣之大，聞名於中外，他一發脾氣，六親不認，左右不顧。上至總統，下至平民，不對即罵，毫無忌憚。公司主管挨罵那是習以為常。但大家都忍受過去，因為大家都知道煙硝一散，他很快就恢復他那慈祥的一面。他的脾氣不一定是缺點，因為有了他的脾氣，才催生了今天的長榮王國。

他說他要活到一百二十歲，我恐怕難以奉陪，但我有生之日，不管在職與否，我會追隨他到底。他，對我來說，永遠是一位大恩人，也是良師。也是值得大家思慕敬愛的偉人。

（原文刊載於《我所看到的、知道的張榮發》一書，民國九十九年出版）

張總裁史無前例爲部下舉辦慶生宴（上圖）。還邀請長榮交響樂團來演奏（下圖），林省三認爲這次八十大壽是人生一件非常光榮的經歷。

附錄7

# 林省三大事記

■一九三〇年三月十二日　出生於臺灣台中清水

大連大廣場國小畢業（日本人學校）

大連第一中學畢業（日本人學校）

■一九五〇年六月　臺灣省立（現國立）彰化高級中學畢業

■一九五二年六月　臺灣省立行政專科學校畢業

■一九五三年七月　陸軍軍官學校預備軍官訓練班第一期結業，取得陸軍少尉階位

- 一九五三年十二月　交通部交通幹部講習會結業
- 一九五五年八月　任職臺灣省政府交通處航訊科科員，主管航政
- 一九五八年二月　任職臺灣省政府交通處第三科第一股（航政）股長
- 一九五九年三月　臺灣省立法商學院公共行政學系畢業，取得學士學位（後為中興大學法商學院公共行政學系）
- 一九六〇年三月　國立政治大學公共行政教育中心結業
- 一九六〇年五月　在美援項下奉派留日研習航港制度三個月
- 一九七〇年一月　奉派在泰國參加聯合國亞洲區航運及行政訓練（UN Economic Commission For Asia & Far East Training Course in Shipping Economic and Administration Policy）一個月

■一九七〇年三月　轉任交通部專員
■一九七〇年七月　任職交通部航政司航務科科長
■一九七四年十月　辭職交通部航務科科長
■一九七四年十一月　任長榮海運企劃室經理，主管營業
■一九七七年四月　任長榮海運副總經理
■一九八二年十一月　任長榮海運總經理
■一九八四年十一月　中華民國海運聯營總處常務理事
■一九八六年二月　台北市船務代理業公會理事長
■一九八八年四月　任長榮海運副董事長
■一九八九年五月　台北市輪船商業同業公會第七、八屆理事長

■一九九三年一月　任長榮海運董事長

■一九九四年十月　中華民國輪船商業同業公會全國聯合會（簡稱全國船聯會）第三、四屆理事長

■一九九六年四月　臺灣海峽兩岸航運協會第一、二屆董事長

■二〇〇一年六月　任長榮集團副總裁

■二〇〇二年五月　海峽交流基金會（簡稱海基會）董事

■二〇〇七年一月　任長榮集團次席副總裁

■二〇〇七年七月　任長榮集團首席副總裁

■二〇〇八年三月　中華民國工商協進會常務理事

■二〇一四年十二月　八十五歲退休

# 參考書目


• 王御風，《波瀾壯闊：台灣貨櫃運輸史》（台北：遠見天下文化，二〇一六年）。
• 方鵬程，《台灣海基會的故事》（台北：台灣商務印書館，二〇〇五年）。
• 吳美枝，《台北咖啡館：人文光影記事》（台北：台灣書房，二〇一一年）。
• 張榮發，《張榮發回憶錄》（台北：遠流，一九九七年）。
• 張榮發口述，吳錦勳採訪撰文，《鐵意志與柔軟心：張榮發的33個人生態度》（台北：遠見天下文化，二〇一二年）。
• 張榮發口述，陳俍任採訪撰文，《本心：張榮發的心內話與真性情》（台北：遠見天下文化，二〇一四年）。
• 許雪姬，《離散與回歸：在滿州的台灣人（1905-1948）》（新北：左岸文化，二〇二三年）。
• 謝志堅口述，張佩芬執筆，《無懼駭浪》（台北：時報，二〇二一年）。
• 戴寶村，《近代台灣海運發展——戎克船到長榮巨舶》（台北：玉山社，二〇〇〇年）。
• 子敏，〈約會在朝風〉，《回到中山堂：延平南路98號和周遭生活圈的故事》（台北：台北市文化局，二〇〇二年），頁一一二—一二〇。

人與土地47

# 笑看波濤：林省三的海運人生


口述　林省三
撰文　王御風
主編　林正文
編輯協力　陳書屏、黃于津
行銷企劃　陳玟利
封面設計　江麗姿
內頁設計

董事長　趙政岷
出版者　時報文化出版企業股份有限公司
一〇八〇一九　台北市和平西路三段二四〇號七樓
發行專線　（〇二）二三〇六六八四二
讀者服務專線　〇八〇〇二三一七〇五
（〇二）二三〇四七一〇三
讀者服務傳真　（〇二）二三〇四六八五八
郵撥　一九三四四七二四　時報文化出版公司
信箱　一〇八九九　台北華江橋郵局第九九信箱
時報悅讀網　http://www.readingtimes.com.tw
法律顧問　理律法律事務所　陳長文律師、李念祖律師
印刷　和楹印刷有限公司
一版一刷　二〇二三年六月二十日
定價　新台幣三八〇元
（缺頁或破損的書，請寄回更換）

時報文化出版公司成立於一九七五年，
並於一九九九年股票上櫃公開發行，於二〇〇八年脫離中時集團非屬旺中，
以「尊重智慧與創意的文化事業」為信念。

笑看波濤：林省三的海運人生 / 林省三口述；王御風撰文 . -- 一版 . -- 臺北市：時報文化出版企業股份有限公司 , 2023.06
面；　公分

ISBN 978-626-353-975-4( 平裝 )
1.CST: 林省三 2.CST: 傳記

783.3886　　112008858

ISBN 978-626-353-975-4
Printed in Taiwan